Brigitte

LEICHTER ESSEN

Brigitte
LEICHTER ESSEN

175 Gourmet-Rezepte ganz ohne Cholesterin

Von Barbara Rias-Bucher

Brigitte Edition
NAUMANN & GÖBEL

Barbara Rias-Bucher
geboren 1948 in München, ist seit ihrer Promotion 1976 freie Food-Journalistin. Seit Jahren arbeitet sie auf den Spezialgebieten der vegetarischen und vollwertigen Ernährung. Sie hat eine Reihe von Büchern zu diesen Themenbereichen veröffentlicht.

Fotos: A. Deimling (Titel und 10); O. Möller (7);
H. Banderob (9); W. Brackrock (2);
Kahlbrandt (1); W. Krüger (1); J. Schiermann (1);
H.-J. Schmidt (5)

Herausgeberin: Anne Volk
Lektorat: Marita Heinz
Versuchsküche: Renate Jocham,
Gertrud Röser
Produktion: Bernd Bartmann, Druckzentrale G + J
Gestaltung: Dietmar Meyer, Friedhelm Ott
DTP: Friedhelm Ott, Hamburg
Lithografie: MWW Repro, Hamburg
Umschlaggestaltung: WirtzCologne
Gesamtherstellung: Naumann & Göbel
Verlagsgesellschaft mbH, Köln
Brigitte Edition in der Naumann & Göbel
Verlagsgesellschaft mbH, Köln

ISBN 3-625-10236-6

INHALT

DIESES BUCH WILL...

... Ihnen das lästige Rechnen mit Cholesterin-Milligrammen ersparen. Denn die Gerichte enthalten kein Cholesterin oder so wenig, daß es nicht ins Gewicht fällt. Wenn Sie nach diesem Buch kochen und essen, reduzieren Sie also ganz automatisch die Cholesterin-Menge, die Sie täglich mit der Nahrung aufnehmen. Je öfter Sie das tun, desto besser!

Sie finden deshalb Vorschläge für jede Gelegenheit: für Hauptgerichte, für Salat oder Suppe vorweg und für Süßes danach. Sie können neue Aufstriche fürs Frühstücksbrötchen ausprobieren, fürs Büro eine der 35 Mitnehm-Mahlzeiten einpacken und zum Sonntags-Kaffee feine Kuchen backen, die weder Butter noch Eier enthalten. Wenn Sie dann zwischendurch nur Obst, Nüsse oder Joghurt essen, geht Ihre tägliche Cholesterin-Aufnahme gegen Null.

Wir wollen Ihnen mit den 175 Rezepten dieses Buches zeigen, wie breit die Palette der Gerichte ist, die Sie essen können, ohne auch nur einen Gedanken an Ihren Cholesterin-Spiegel zu verschwenden. Natürlich schmeckt dieses Essen genauso gut wie das, was Sie gewohnt sind. Sie brauchen also nichts zu entbehren, sondern können genießen. Auch das gute Gefühl, ohne Aufwand etwas für Ihre Gesundheit zu tun: Alle Gerichte sind kohlenhydrat- und ballaststoffreich mit der richtigen Mischung von gesundem Fett.

Etwas kann und will das Buch natürlich nicht: Ihnen den Arzt ersetzen. Wer sich krank oder unwohl fühlt, muß zum Arzt gehen. Denn gesundheitliche Störungen lassen sich durch Ernährung allein nicht heilen. Richtig essen kann aber ein wichtiger Teil der Therapie sein.

WICHTIGE FRAGEN ZUM CHOLESTERIN

Was ist Cholesterin?

Ein bestimmter Stoff, den Tiere und Menschen im Organismus aufbauen: Pro Tag stellt unser Körper zwischen 400 und 1200 Milligramm Cholesterin her. Zusätzlich nehmen wir es mit allen Lebensmitteln auf, die von Tieren stammen – mit Fleisch und Wurst, Fisch und Eiern, Butter und Milchprodukten.

Wozu brauchen wir Cholesterin?

Für den Aufbau der Körperzellen, die Bildung von Hormonen und bestimmten Vitaminen und für die Verdauung des Fettes, das wir essen.

Was haben Fett und Cholesterin miteinander zu tun?

Cholesterin ist in manchen Fetten enthalten, zum Beispiel im Speck von Tieren, im Milchfett, im fettreichen Eidotter. Außerdem verbindet es sich genau wie Fett nicht mit Wasser. Bildlich gesprochen: Cholesterin schwimmt im Blut wie Fettaugen auf einer Fleischbrühe.

Was sind LDL- und HDL-Cholesterin?

Die "Transporteure" von Cholesterin. Da sich Cholesterin im Blut nicht löst, kann es vom Blutstrom allein auch nicht gezielt transportiert werden. Dafür sind LDL und HDL zuständig, bestimmte Stoffe aus Fett und Proteinen (Lipoproteine): Sie verbinden sich mit dem Cholesterin und bringen es dorthin, wo es gebraucht wird.

"Gutes" und "schlechtes" Cholesterin – was bedeutet das?

Das "gute" HDL-Cholesterin wandert gezielt in die Organe, wo es so umgebaut wird, daß der Körper damit arbeiten kann. Die Leber zum Beispiel macht daraus Gallensäuren für die Fettverdauung. In den Nieren werden mit Cholesterin Hormone hergestellt.

LDL-Cholesterin dagegen wird nicht gleich gezielt verbraucht, sondern wandert mit dem Blutstrom durch den Körper. Das machen sich die Körperzellen zunutze, die Cholesterin zum Arbeiten brauchen: Sie stoppen die eigene Cholesterin-Produktion und holen sich das Cholesterin aus dem Blut. Doch sobald ihr Bedarf gedeckt ist, "machen sie dicht", auch wenn noch LDL-Cholesterin übrig ist. Das ungenutzte LDL-Cholesterin bleibt im Blut, nistet sich in den Wänden der Adern ein und kann im schlimmsten Fall Herz-Kreislauf-Erkrankungen verursachen.

Wie kommt "zuviel" Cholesterin ins Blut?

Bei den meisten Menschen liegt es an der Ernährung: Wer viel Cholesterinreiches wie Eier, Butter und Fleisch ißt, nimmt auch viel Cholesterin auf. Wenn regelmäßig Wurst, Schinken, fetter Käse, Sahne, Kuchen und Süßigkeiten hinzukommen, steigt der Cholesterinspiegel noch mehr an. Bei manchen Menschen spielen die Erbanlagen eine Rolle: Die Zellen können das Nahrungs-Cholesterin nicht "erkennen" und produzieren – auch bei hohem Angebot an fremdem Cholesterin – noch eigenes Cholesterin. Hier hilft eine Ernährung mit ganz wenig Fett, die auch kaum Cholesterin enthält.

Mit zunehmendem Alter steigt der Cholesterinspiegel bei uns allen an. Bei Menschen, die sehr wenig Fleisch essen oder sich ganz vegetarisch ernähren, geht das langsamer als bei Normalessern.

VORBEUGEN UND HEILEN

Das Fünf-Punkte-Programm

Am besten ist es natürlich, den Cholesterinspiegel im gesunden Maß zu halten – durch vernünftige Ernährung, viel Bewegung oder Freizeitsport. Das hilft in den meisten Fällen auch, erhöhte Blutfettwerte zu senken. Für diese cholesterinfreundliche Lebensweise hat die deutsche Gesellschaft für Ernährung (DGE) ein Fünf-Punkte-Programm entwickelt, das man ganz leicht befolgen kann.

1. Wir sollten die Menge an Fett und Cholesterin in der Nahrung drosseln, also weniger Fleisch, Wurst, Käse, Eier, Butter, Fertiggerichte und Süßigkeiten essen. Bei der Zubereitung sind Dünsten und Grillen besser als Braten oder Fritieren.

2. Wir sollten viele ballaststoffreiche Lebensmittel, also mehr Gemüse, Salat, Kartoffeln, Nudeln, Reis, Hülsenfrüchte, Vollkornbrot und Obst essen. Der Hunger auf viel Fleisch, Wurst, Eier und Süßes ist dann nicht mehr so groß. Und man ernährt sich ganz automatisch fett- und cholesterinärmer. Bestimmte Ballaststoffe haben aber noch einen großen Vorteil: Sie "fangen" übriggebliebenes Cholesterin und Gallensäuren "ein" und transportieren sie rasch aus dem Körper. Da wir Gallensäuren aber brauchen, beginnt die Leber wieder mit ihrer Produktion – mit Hilfe von Cholesterin. Ballaststoffe kurbeln also den Cholesterinverbrauch an und helfen so, die Blutfettwerte in einem gesunden Rahmen zu halten.

3. Wir sollten mehr Distel-, Sonnenblumen-, Maiskeim- und Olivenöl verwenden, als Brotaufstrich und zum Backen gute Margarine nehmen. Alle diese Pflanzenfette enthalten Fettsäuren, die das "schlechte" LDL-Cholesterin vermindern. Butter und Schmalz sollten wir dagegen seltener essen, denn tierische Fetten können den Cholesterinspiegel anheben.

4. Wir sollten uns viel bewegen - also je nach Lust und Zeit spazierengehen oder joggen, wandern oder radfahren, Freizeitsport treiben oder regelmäßig schwimmen gehen.

5. Wir sollten abnehmen, falls wir ein paar Pfund zuviel wiegen, denn bei Übergewicht ist meist auch der Cholesterinspiegel zu hoch. Dafür ist aber kein spezielles Diät- und/ oder Fitnessprogramm nötig. Wer sich nach den Punkten 1 bis 4 richtet, reduziert sein Gewicht ohnehin allmählich.

Dabei hilft Ihnen dieses Buch: Wenn Sie oft nach seinen Rezepten kochen, nehmen Sie fast kein Cholesterin und nur wenig Fett zu sich, dafür aber reichlich Ballaststoffe, Vitamine und Mineralstoffe. Und natürlich alle Nährstoffe.

Bestimmte Lebensmittel ganz weglassen?

Solange Ihr Arzt es nicht ausdrücklich verordnet hat, ist das nicht nötig. Denn auch die Butter auf dem Brot und das Frühstücksei am Wochenende schaden nicht, wenn Sie sich abwechslungsreich mit viel Gemüse, Kartoffeln, Vollkornbrot, Obst, Hülsenfrüchten und Vollkornnudeln ernähren. Essen Sie statt Wurst und Käse öfter mal einen vegetarischen Brotaufstrich, statt Fleisch lieber eine große Portion Fisch. Dann bekommen Sie bei insgesamt weniger Fett pro Tag genügend günstige Fettsäuren. Wenn reichlich Kohlenhydrate und Ballaststoffe hinzukommen, wirkt das so positiv auf den Cholesterinspiegel, daß Sie sich auch den Schuß Sahne im Kaffee und den Klecks Crème fraîche in der Soße gönnen können.

Essen außer Haus

Viele Menschen essen mindestens einmal am Tag außer Haus – in der Kantine, im Restaurant oder holen sich etwas aus dem Schnellimbiß. Mahlzeiten mit wenig Cholesterin zu bekommen ist dann oft ein Problem. In vielen Kantinen können Sie sich aber Ihr Essen selbst zusammenstellen: Wählen Sie einen Salat mit Essig-Öl- oder Joghurt-Dressing vorweg. Nehmen Sie mehr von den Beilagen und nur ein kleines Stück Fleisch. Und greifen Sie zu, falls es Fisch gibt. Denn vor allem Seefisch enthält Fettsäuren, die sehr günstig auf den Cholesterinspiegel wirken (siehe auch Kasten Seite 17). Zum Dessert essen Sie am besten frische Früchte, Obstsalat, Joghurt oder Quark mit Früchten.

Im Restaurant macht es Ihnen die "cholesterinfreundliche" Mittelmeer- oder Asienküche leicht: In Italien, Griechenland, Spanien, in Indien, Südostasien und im Fernen Osten ist die fleischarme, aber fisch- und gemüsereiche Küche zu einer hohen Kunst entwickelt worden. Spaghetti mit Olivenöl, Knoblauch und Pfefferschoten, indisches Curry aus Kichererbsen mit knusprigem Fladenbrot oder japanische

Sushi, die delikaten Häppchen mit Fisch und Reis, zum Beispiel schmecken vorzüglich und belasten den Cholesterinspiegel nicht.

Fast Food – schlecht für die Gesundheit?

Ab und zu mal ein Hamburger mit Pommes frites oder eine Currywurst zu Mittag schaden nicht, wenn Sie sich sonst vernünftig ernähren. Für jeden Tag allerdings taugt Fast-Food nicht. Es enthält meist zuviel Salz und Fett, ist nicht gerade preiswert. Und geht's beim Schnellimbiß wirklich schneller? Einen Teil Ihrer Mittagspause brauchen Sie ja zum Anstehen!
Als Alternative finden Sie deshalb im Rezeptteil des Buches viele Mahlzeiten zum Mitnehmen, die Sie abends zubereiten, im Kühlschrank aufbewahren und morgens mit ins Büro nehmen können. Für die Übersicht schlagen Sie im Register unter "Zum Mitnehmen" nach.

Das leichte Wochenende

Bis jetzt kennen noch mehr Männer als Frauen das Problem: Man möchte schon gesund essen, aber es funktioniert einfach nicht. Denn beim Geschäftsessen denkt man eben nicht ans Cholesterin. Im Flugzeug das mitgebrachte Müsli zu löffeln, das schaffen nur wenige Selbstbewußte. Und wer von Termin zu Termin hetzt, achtet kaum auf ausgewogene Ernährung.
Gleichen Sie das möglichst am Wochenende aus: Cholesterinfreie Entlastungstage mit viel Bewegung reinigen von innen: Der Körper wird Schlacken los. Und Sie bekommen das gute Gefühl, etwas für Wohlbefinden und Gesundheit zu tun. Trinken Sie reichlich, nicht nur wenn Sie beim Sport ins Schwitzen kommen, sondern über den ganzen Tag verteilt. Denn Gemüse, Vollkorn, Obst und Hülsenfrüchte verträgt man am besten mit viel Flüssigkeit. Gut sind natriumarmes Mineralwasser, Kräuter- und Früchtetee.

Die Symbole in den Rezepten bedeuten:

N Nährwerte (ohne Beilagen)
+ Beilagen
! Tips

1/SALATE

Herbstliche Salatplatte (Rezept Seite 12)

HERBSTLICHE SALATPLATTE

FÜR 8 PORTIONEN - FOTO SEITE 10/11

750 g kleine Kartoffeln (festkochende Sorte), 1 kleiner Kopf Weißkohl (etwa 750 g), Salz, 500 g kleine Möhren, 500 g breite grüne Bohnen, 1/2 l kräftige Gemüsebrühe (Instant), 3 Knoblauchzehen, 1 Lorbeerblatt, 1 Zwiebel, 1 Dose Große weiße Bohnen (Füllmenge 400 g), 150 g schwarze Oliven, 1 Zitrone, 3 Teel. scharfer Senf, frisch gemahlener schwarzer Pfeffer, 8 Eßl. Öl, 1 Bund Petersilie, 4 Eßl. Essig, 1 Prise Zucker, 1 rote Zwiebel, 1 Lauchzwiebel, eventuell Blätter und Blüten von Kräutern wie Kapuzinerkresse, Oregano oder Salbei

Kartoffeln waschen und mit der Schale in wenig Wasser weich kochen. Vom Weißkohl fünf oder sechs Blätter ablösen, waschen und nebeneinander auf eine Platte legen. Kohlkopf vierteln, Strunk herausschneiden, Kohl waschen und in feine Streifen hobeln. Mit Salz bestreuen und zugedeckt ziehen lassen. Möhren schälen, Bohnen waschen, putzen und in etwa zwei Zentimeter breite Stücke schneiden. Brühe mit zwei abgezogenen Knoblauchzehen, Lorbeerblatt und abgezogener Zwiebel aufkochen. Ganze Möhren darin fünf Minuten garen. Herausnehmen und auf einem Kohlblatt anrichten. Grüne Bohnen in der Brühe aufkochen und 15 Minuten bei mittlerer Hitze kochen. Mit einem Schaumlöffel herausnehmen und auf einem zweiten Kohlblatt anrichten. Abgetropfte weiße Bohnen und Oliven auf zwei weitere Kohlblätter geben. Brühe durchsieben. Für das erste Dressing restliche Knoblauchzehe fein hacken. Mit Brühe, Zitronensaft, zwei Teelöffel Senf, Pfeffer und drei Eßlöffel Öl verrühren. Gehobelten Weißkohl mit etwa der Hälfte des Dressings mischen und ebenfalls auf der Platte anrichten. Kartoffeln abgießen, abschrecken, pellen und vierteln. Mit gehackter Petersilie und dem restlichen Dressing vermischen und auf den übrigen Kohlblättern anrichten. Für das zweite Dressing Essig mit restlichem Senf, Salz, Pfeffer, Zucker und dem Rest des Öls mischen. Über den weißen und grünen Bohnen verteilen. Abgezogene rote Zwiebel achteln, geputzte Lauchzwiebel in Ringe schneiden und über dem Salat verteilen. Salat nach Wunsch mit Blättern und Blüten von frischen Kräutern garnieren. N Pro Portion 12 g Eiweiß, 18 g Fett, 41 g Kohlenhydrate, 12 g Ballaststoffe, 380 Kalorien.

BOHNENSALAT MIT TOMATEN

FÜR 4 PORTIONEN

750 g grüne Bohnen, 1 Bund Bohnenkraut, Salz, 2 Tomaten (etwa 200 g), 1 kleine Zwiebel, 1 Bund Schnittlauch, 1 Eßl. Zitronensaft, 1 Eßl. milder Essig (möglichst Aceto balsamico), frisch gemahlener schwarzer Pfeffer, 3 Eßl. Öl

Bohnen waschen, putzen und in etwa drei Zentimeter lange Stücke schneiden. Bohnenkraut waschen, einige Blättchen zum Bestreuen beiseite legen. 100 Kubikzentimeter Wasser mit Salz aufkochen. Bohnen und Bohnenkraut darin aufkochen. Bohnen zugedeckt bei kleiner Hitze in etwa 20 Minuten garen. Mit dem Kochwasser in einer Schüssel lauwarm abkühlen lassen. Tomaten würfeln, abgezogene Zwiebel fein hacken, Schnittlauch in Röllchen schneiden. Alles mit Zitronensaft, Essig, reichlich Pfeffer und Öl unter die Bohnen mischen. Salat mit Salz abschmekken und mit den Bohnenkrautblättchen bestreut servieren. N Pro Portion 5 g Eiweiß, 8 g Fett, 14 g Kohlenhydrate, 7 g Ballaststoffe, 150 Kalorien.

APFELSALAT MIT NUSS-SOSSE

FÜR 2 PORTIONEN

2 säuerliche Äpfel (etwa 300 g), 2 Möhren (etwa 250 g), 1 Teel. Nußmus, 2 Eßl. Apfelessig, Salz, frisch gemahlener weißer Pfeffer, 1 Teel. Öl, 1 Eßl. Nußkerne, einige Minze- oder Zitronenmelisseblättchen

Äpfel und Möhren schälen und raspeln. Nußmus mit Essig, wenig Salz, reichlich Pfeffer und Öl verrühren und mit dem Salat mischen. Nüsse und Kräuterblättchen hacken und darüberstreuen. + Dazu Vollkornbrötchen, mit Crème fraîche statt mit Butter bestrichen. N Pro Portion 3 g Eiweiß, 6 g Fett, 22 g Kohlenhydrate, 7 g Ballaststoffe, 150 Kalorien. ! Tip: Zum Mitnehmen Salat am Vorabend zubereiten und zugedeckt im Kühlschrank aufbewahren.

FRÜHLINGSSALAT MIT NUDELN

FÜR 4 PORTIONEN - FOTO

150 g Zuckerschoten, 1 Bund Lauchzwiebeln, 4 Stangen Sellerie, 250 g grüne Nudeln (ohne Ei), Salz, 6 Eßl. Maiskeimöl, 1 kleiner Kopf grüner Salat, 1 Bund Basilikum, 3 Eßl. Zitronensaft, 1 Eßl. milder Senf, frisch gemahlener weißer Pfeffer

Zuckerschoten, Lauchzwiebeln und Sellerie waschen und putzen. Lauchzwiebeln und Sellerie in etwa vier Zentimeter lange Stücke schneiden. Nudeln in reichlich sprudelnd kochendem Salzwasser drei Minuten kochen lassen. Zuckerschoten, Lauchzwiebeln und Sellerie zugeben, erneut aufkochen und bei mittlerer Hitze weitere drei Minuten kochen. Abgießen – Kochwasser dabei auffangen –, abtropfen lassen und mit zwei Eßlöffel Öl vermischen. Grünen Salat zerpflücken, waschen und trockenschwenken. Blätter in mundgerechte Stücke zupfen. Basilikum waschen, trockentupfen und hacken. Zitronensaft mit drei Eßlöffel Nudelkochwasser, Senf, Salz, Pfeffer und dem restlichen Öl verrühren. Nudeln, Gemüse, Salz, Basilikum und Soße mischen. ➕ Dazu: Baguette. Ⓝ Pro Portion 12 g Eiweiß, 17 g Fett, 48 g Kohlenhydrate, 8 g Ballaststoffe, 400 Kalorien. ❗ Tip: Das Kochwasser von Nudeln und Gemüse ist gut als Suppengrundlage, denn es enthält gelöste Nährstoffe.

ROTE-BETE-SALAT

FÜR 4 PORTIONEN

500 g rote Bete, 1 säuerlicher Apfel, 1 kleine Orange, 1 Eßl. Apfelessig, 1 Prise Zucker, 1 Teel. Kümmelkörner, 4 Eßl. Öl, Salz, frisch gemahlener schwarzer Pfeffer, 1 Eßl. gehackte Petersilie

Rote Bete waschen und mit wenig Wasser in etwa 50 Minuten weich kochen. Kalt abschrecken, pellen und in dünne Scheiben schneiden. Apfel vierteln, schälen, vom Kerngehäuse befreien und in Spalten schneiden. Für die Soße Orangensaft mit Essig, Zucker, Kümmel und Öl verrühren. Rote Bete, Apfel und Salatsoße mischen. Salat mit Salz und Pfeffer kräftig würzen, mit Petersilie bestreuen. ➕ Dazu Zwiebelbrötchen oder Pellkartoffeln. Ⓝ Pro Portion 2 g Eiweiß, 10 g Fett, 13 g Kohlenhydrate, 3 g Ballaststoffe, 150 Kalorien. ❗ Tip: Zum Mitnehmen am Vorabend zubereiten und zugedeckt im Kühlschrank aufbewahren.

Frühlingssalat mit Nudeln

FELDSALAT MIT AVOCADO UND NÜSSEN

FÜR 2 PORTIONEN

100 g Feldsalat, 1 Schalotte, 2 Eßl. Gemüsebrühe (Instant), 2 Eßl. Himbeer- oder Sherryessig, 1 Teel. körniger Senf, Salz, frisch gemahlener weißer Pfeffer, 3 Eßl. Maiskeimöl, 1 kleine Avocado (siehe Kasten S. 51) 1 Eßl. Nußkerne, 1/2 Bund Schnittlauch

Feldsalat waschen, trockenschwenken und auf Tellern verteilen. Für das Dressing Schalotte abziehen und fein hacken. Mit Gemüsebrühe, Essig, Senf, Salz, Pfeffer und Öl verrühren. Avocado halbieren, Kern entfernen, Hälften schälen und in Scheiben schneiden. Neben dem Feldsalat anrichten. Salat und Avocado mit dem Dressing beträufeln. Nußkerne hacken, Schnittlauch in Röllchen schneiden. Beide Zutaten über den Salat streuen. N Pro Portion 4 g Eiweiß, 40 g Fett, 3 g Kohlenhydrate, 5 g Ballaststoffe, 380 Kalorien.

RADICCHIOSALAT MIT PILZEN

FÜR 4 PORTIONEN

1 Aufgußbeutel Hagebuttentee, 2 Eßl. Apfelessig, 1 Teel. Aceto balsamico (Balsamessig), Salz, frisch gemahlener weißer Pfeffer, 2 Eßl. Olivenöl, 300 g Radicchio, 200 g Champignons, 1/2 Bund Petersilie

Für die Salatsoße Teebeutel mit einer halben Tasse kochendem Wasser übergießen und zugedeckt zehn Minuten ziehen lassen. Teebeutel entfernen, Tee mit beiden Essigsorten, Salz, Pfeffer und Öl verrühren. Radicchio putzen, waschen, trockenschwenken und in mundgerechte Stücke zupfen. Gewaschene Pilze in dünne Scheiben schneiden. Petersilie fein hacken. Alle diese Zutaten mit der Soße vermischen. + Dazu: Vollkorntoast. N Pro Portion 2 g Eiweiß, 5 g Fett, 2 g Kohlenhydrate, 2 g Ballaststoffe, 65 Kalorien.

SOMMERSALAT MIT KARTOFFELN

FÜR 4 PORTIONEN

300 g Kartoffeln (festkochende Sorte),
400 g Brokkoli, 2 Gemüsezwiebeln,
400 g Tomaten, 400 g Paprikaschoten,
2 Knoblauchzehen, 3 Zweige Rosmarin,
1 Paket Tiefkühl-Dicke Bohnen (300 g),
1/8 l Gemüsebrühe (Instant),
2 Eßl. Tomatenmark, 3 Eßl. Olivenöl, Salz,
frisch gemahlener weißer Pfeffer,
1 Eßl. Kapern, 1 Bund Schnittlauch

Kartoffeln schälen, waschen und würfeln. Brokkoli putzen, waschen und in Röschen und Stiele teilen. Abgezogene Zwiebeln achteln. Tomaten abziehen und vierteln, Paprikaschoten putzen, achteln und waschen. Knoblauch grob hacken, Rosmarin waschen. Alle diese Zutaten mit Dicken Bohnen in einen Topf geben. Gemüsebrühe mit Tomatenmark und Öl verrühren und untermischen. Mit Salz und Pfeffer würzen. Aufkochen und zugedeckt bei kleiner bis mittlerer Hitze etwa 20 Minuten garen, bis die Kartoffeln und die Dicken Bohnen weich sind. Gemüse lauwarm abkühlen lassen. Kapern untermischen, fein zerkleinerten Schnittlauch darüberstreuen. + Dazu: Reis, Brot oder gebratener Fisch (siehe Kasten). N Pro Portion 12 g Eiweiß, 9 g Fett, 32 g Kohlenhydrate, 14 g Ballaststoffe, 260 Kalorien. ! Tip: Zum Mitnehmen am Vorabend zubereiten und über Nacht zugedeckt im Kühlschrank aufbewahren.

FISCHE, besonders Meeresfische wie Makrele, Hering und Rotbarsch, enthalten bestimmte Fettsäuren, die unerwünschtes Cholesterin senken. Diese Fische und auch Seelachs, Schellfisch und Schollen liefern außerdem reichlich Jod, das für die optimale Funktion der Schilddrüse sorgt. Deshalb sollten Sie ein- bis zweimal pro Woche Fisch essen, egal ob mariniert, als Salat, gebraten oder gedünstet. Mayonnaise, Remoulade oder Buttersoßen müssen Sie weglassen, wenn Sie Probleme mit dem Cholesterin haben.

SAUERKRAUTSALAT MIT GEMÜSE UND NÜSSEN

FÜR 2 PORTIONEN

1 Teel. Instant-Gemüsebrühe, 1 Möhre,
1 Zucchino, 1 kleine Fenchelknolle,
200 g Sauerkraut, 1 kleines Bund Schnittlauch,
1 Teel. scharfer Senf, 2 Eßl. Apfelessig, Salz,
frisch gemahlener weißer Pfeffer, 2 Eßl. Öl,
50 g Nußkerne

Brühe mit 50 Kubikzentimeter kochendem Wasser übergießen. Geschälte Möhre und gewaschenen Zucchino grob raspeln. Fenchelblättchen abschneiden, waschen und hacken. Knolle halbieren, Strunk entfernen. Fenchel waschen und quer zu den Fasern in feine Streifen schneiden. Sauerkraut grob zerschneiden. Schnittlauch in feine Röllchen schneiden. Brühe mit Senf, Essig, Salz, Pfeffer und Öl verrühren. Zerkleinertes Gemüse, Sauerkraut, Fenchelkraut und Schnittlauch damit mischen. Nüsse hacken und über den Salat streuen. N Pro Portion 9 g Eiweiß, 26 g Fett, 13 g Kohlenhydrate, 9 g Ballaststoffe, 330 Kalorien. ! Tip: Zum Mitnehmen Salat am Vorabend zubereiten und zugedeckt im Kühlschrank aufbewahren.

SPINATSALAT MIT GEBRATENEN AUSTERNPILZEN

FÜR 4 PORTIONEN

200 g Spinat, 50 g Feldsalat,
1 Bund Schnittlauch, 200 g Austernpilze,
4 Eßl. Erdnußöl, 1 Teel. körniger Senf, Salz,
frisch gemahlener weißer Pfeffer,
2 Eßl. Himbeeressig, 1 Eßl. Sojasoße

Spinat und Feldsalat verlesen, waschen und trockenschwenken. Schnittlauch in Röllchen schneiden. Diese Zutaten mischen. Austernpilze putzen, große Pilzhüte halbieren. Zwei Eßlöffel Öl erhitzen. Pilze darin bei mittlerer bis kleiner Hitze etwa fünf Minuten braten, bis sie weich und braun sind. Inzwischen für die Salatsoße Senf mit Salz, Pfeffer, Essig, Sojasoße und restlichem Öl verrühren. Salat damit mischen und auf Tellern anrichten. Pilze darüber verteilen. Bratöl in der Pfanne mit zwei Eßlöffel Wasser verrühren und den Bratfond lösen. Über die Salatportionen geben. + Dazu: Baguette oder Vollkornbrötchen. A Pro Portion 3 g Eiweiß, 10 g Fett, 1 g Kohlenhydrate, 2 g Ballaststoffe, 110 Kalorien.

GEMISCHTER SALAT MIT MUNGOBOHNENSPROSSEN

FÜR 4 PORTIONEN

100 g Mungobohnensprossen (siehe Kasten Seite 71), 3 Eßl. Öl, 1/8 l Apfelsaft, 2 Eßl. Sojasoße, 2 Eßl. milder Obstessig, 1 Kopf Salat wie Batavia-, Eisberg- oder Römersalat, 1 Tomate, 1 Bund Radieschen, 1 Bund Dill, Salz, frisch gemahlener schwarzer Pfeffer, 50 g Kürbiskerne

Sprossen kalt abspülen und trockenschwenken. Einen Eßlöffel Öl erhitzen. Sprossen darin bei mittlerer Hitze unter Rühren etwa zwei Minuten braten. In eine Schüssel geben, Apfelsaft, Sojasoße, Essig und restliches Öl untermischen. Salat putzen, waschen, trockenschwenken und zerpflücken. Tomate waschen und würfeln. Gewaschene Radieschen in Scheiben schneiden. Dill grob hacken. Alles mit den Sprossen vermischen, mit Salz und Pfeffer abschmecken und mit den Kürbiskernen bestreut servieren. + Dazu: Brötchen oder Pellkartoffeln und gebratener Tofu (Rezept Seite 29). N Pro Portion 7 g Eiweiß, 14 g Fett, 6 g Kohlenhydrate, 2 g Ballaststoffe, 180 Kalorien.

KRÄUTERSALAT

FÜR 3 PORTIONEN

150 g Rucola, 75 g glatte Petersilie und Brunnenkresse gemischt, 1 Handvoll Kerbelblätter, 1 Teel. körniger Senf, Salz, frisch gemahlener schwarzer Pfeffer, 1 Prise Zucker, 1 1/2 Eßl. Rotweinessig, 1/2 Eßl. Aceto balsamico (Balsamessig), 3 Eßl. Olivenöl, eventuell 1 Teel. Erdnußöl

Rucola, Petersilie, Brunnenkresse und Kerbel verlesen, waschen und trokkenschwenken. Die harten Stiele von Petersilie und Brunnenkresse abzupfen. Senf, Salz, Pfeffer, Zucker, Essig- und Ölsorten verrühren. Salat damit mischen. N Pro Portion 2 g Eiweiß, 10 g Fett, 3 g Kohlenhydrate, 2 g Ballaststoffe, 110 Kalorien.

Gemischter Salat mit Bulgur

GEMISCHTER SALAT MIT BULGUR

FÜR 4 PORTIONEN - FOTO

100 g Bulgur (siehe Kasten), 1/2 Teel. Instant-Gemüsebrühe, 1 große Stange Porree, 3 Orangen, 600 g Tomaten, 1 kleine Gemüsezwiebel, 80 g schwarze Oliven, 1 Bund Petersilie, Salz, 1 Knoblauchzehe, 1 kleine rote Pfefferschote, 2 Eßl. Apfelessig, 1 Teel. scharfer Senf, 1 Prise gemahlener Koriander, 6 Eßl. Olivenöl

Bulgur mit 200 Kubikzentimeter Wasser und Brühe aufkochen und zugedeckt bei kleinster Hitze 20 Minuten garen. Porree vom Wurzelansatz, den welken äußeren Blättern und Blattspitzen befreien. Stange zweimal längs halbieren, so daß sich die einzelnen Blätter auseinander biegen lassen, waschen und in sprudelndem Wasser eine Minute kochen. Abgießen, gut abtropfen lassen und als Unterlage für den Salat auf vier Portionstellern verteilen. Eine Orange auspressen, Saft für die Salatsoße beiseite stellen. Die anderen beiden Orangen schälen und in Stücke schneiden. Gewaschene Tomaten achteln, abgezogene Gemüsezwiebel in dünne Ringe schneiden. Oliven halbieren und entsteinen. Petersilienblättchen abzupfen und grob hacken. Alle diese zerkleinerten Zutaten und Bulgur auf dem Porree anrichten und mit etwas Salz würzen. Für die Soße Knoblauchzehe abziehen und hacken. Pfefferschote halbieren, von allen Kernen befreien und in feine Streifen schneiden. Orangensaft, Essig, Senf, Salz, Koriander und Öl verrühren. Knoblauch und Pfefferschote untermischen. Soße über den Salat geben. **N** Pro Portion 7 g Eiweiß, 23 g Fett, 34 g Kohlenhydrate, 9 g Ballaststoffe, 380 Kalorien.

BULGUR, auch Bulghur oder Burghul genannt, ist grob vermahlener, vorgekochter Weizen. Diese typische Zutat der Küchen des Nahen und Mittleren Ostens bekommen Sie am preiswertesten in türkischen Lebensmittelgeschäften, aber auch in Kaufhäusern und Grünen Läden. Verwenden können Sie Bulgur genau wie Reis – für Suppen, Eintöpfe, Klöße, Puffer, Süßspeisen oder als Beilage.

BUNTER BOHNENSALAT

FÜR 4 PORTIONEN

1 rote Zwiebel, 1 grüne Paprikaschote,
4 Artischockenböden (Glas),
3 eingelegte Peperoni (Glas), 2 Dosen Große weiße Bohnen (Füllmenge 800 g),
1/2 Dose Pizzatomaten (etwa 200 g),
3 Eßl. Rotweinessig, 3 Eßl. Olivenöl,
Salz, frisch gemahlener weißer Pfeffer

Zwiebel abziehen und in feine Ringe schneiden. Paprikaschote waschen, putzen und zerkleinern. Artischockenböden und Peperoni in Stücke schneiden. Alles mit den abgetropften Bohnen, Pizzatomaten, Essig und Öl vermischen. Mit Salz und Pfeffer abschmecken. ⊕ Dazu: Vollkornbrötchen oder griechisches Fladenbrot. Ⓝ Pro Portion 22 g Eiweiß, 9 g Fett, 60 g Kohlenhydrate, 14 g Ballaststoffe, 400 Kalorien. ❗ Tip: Zum Mitnehmen Salat am Vorabend zubereiten und zugedeckt im Kühlschrank aufbewahren.

GEMISCHTER SALAT MIT BROT

FÜR 4 PORTIONEN

1 Kopf Salat wie grüner Salat, Eis- oder Eichblattsalat, 200 g Weißkohl, 1 Bund Radieschen,
1 Möhre, 200 g Salatgurke, 1 Tomate,
1 Bund Schnittlauch, 1/2 Bund Dill, Salz,
frisch gemahlener Pfeffer, 1 Teel. körniger Senf,
6 Eßl. kalte Gemüsebrühe (Instant),
2 Eßl. milder Obstessig, 1 Eßl. Aceto balsamico (Balsamessig), 4 Eßl. Öl,
150 g Vollkornbrot in dünnen Scheiben

Salat zerpflücken, waschen und trockenschwenken. Blätter in mundgerechte Stücke teilen. Gewaschenen Kohl fein hobeln, Radieschen in Scheiben schneiden. Möhre und Gurke schälen und raspeln, Tomate würfeln. Schnittlauch in Röllchen schneiden, Dill grob hacken. Alles in einer Schüssel mischen. Für die Soße Salz, Pfeffer, Senf, Brühe, die beiden Essigsorten und zwei Eßlöffel Öl verrühren. Mit dem Salat mischen. Restliches Öl erhitzen. Gewürfeltes Brot darin bei kleiner bis mittlerer Hitze unter häufigem Wenden knusprig rösten. Ⓝ Pro Portion 5 g Eiweiß, 11 g Fett, 21 g Kohlenhydrate, 6 g Ballaststoffe, 200 Kalorien.

BUNTER HAFERSALAT

FÜR 4 PORTIONEN

150 g Haferkörner, 1 Teel. Instant-Gemüsebrühe, 1/4 Teel. getrockneter Oregano, 3 Eßl. milder Obstessig, 1 Teel. scharfer Senf, 2 Eßl. Kapern, 5 Eßl. Öl, frisch gemahlener weißer Pfeffer, 300 g Tomaten, 1 kleine rote Paprikaschote, 1 Möhre, 1 säuerlicher Apfel, 2 Lauchzwiebeln, 50 g Nußkerne, 1 Bund Basilikum (ersatzweise Petersilie), Salz, frisch gemahlener schwarzer Pfeffer

Hafer mit 400 Kubikzentimeter Wasser, Brühe und Oregano aufkochen. Zugedeckt bei kleiner Hitze eine Stunde garen. Auf der abgeschalteten Kochstelle eine weitere Stunde quellen und dabei lauwarm abkühlen lassen. Essig, Senf, Kapern, Öl und reichlich Pfeffer untermischen. Tomaten und Paprikaschote waschen und würfeln. Möhre und Apfel schälen und raspeln. Lauchzwiebeln putzen, waschen und in dünne Ringe schneiden. Nüsse grob hacken. Basilikum waschen und grob hacken. Alle diese Zutaten unter den Hafer mischen. Mit Salz und Pfeffer abschmecken. Dazu Brötchen, bestrichen mit Frischkäse oder Crème fraîche. Pro Portion 8 g Eiweiß, 23 g Fett, 32 g Kohlenhydrate, 7 g Ballaststoffe, 380 Kalorien. Tip: Zum Mitnehmen Salat am Vorabend zubereiten und zugedeckt im Kühlschrank aufbewahren.

HAFER enthält Ballaststoffe, die sich mit Cholesterin verbinden. So "gebundenes" Cholesterin kann der Körper nicht verwerten; es wird ausgeschieden. Sie sollten also öfter ganze Haferkörner, Hafervollkornmehl oder Vollkornhaferflocken verwenden. Wie Sie Hafer zubereiten, spielt keine Rolle – ob als Salat, als Suppeneinlage wie Reis oder als Eintopf wie Risotto. Ganze Haferkörner müssen vorab immer gekocht werden. Haferflocken oder geschroteter Hafer schmecken auch roh im Müsli, herzhafte Kekse aus Hafermehl (Rezept Seite 151) mit einem beliebigen Brotaufstrich.

EXOTISCHER SALAT MIT NÜSSEN

FÜR 4 PORTIONEN

1 Fenchelknolle, 150 g Stangensellerie,
200 g grüner Spargel, 200 g Möhren,
300 g Erdbeeren, 1 Mango, 2 Orangen,
2 Eßl. Zitronensaft, 2 Eßl. Honig, 2 Eßl. Öl,
70 g ungesalzene Erdnußkerne,
1 Handvoll frische Zitronenmelisse oder Minze
(ersatzweise Petersilie)

Fenchelgrün abschneiden und zum Bestreuen beiseite legen. Knolle halbieren, Strunk herausschneiden. Fenchelhälften und Selleriestangen waschen und quer zu den Fasern in ganz dünne Scheiben schneiden. Spargel waschen, holzige Enden entfernen. Stangen in knapp fingerbreite Stücke schneiden. Möhren schälen und grob raspeln. Erdbeeren waschen, abzupfen und je nach Größe halbieren oder vierteln. Mango schälen und in Schnitzen vom Kern schneiden. Gemüse und Obst mischen. Für die Salatsoße Orangen- und Zitronensaft, flüssigen Honig und Öl verrühren. Über den Salat gießen und vorsichtig mischen. Gehackte Erdnüsse, zerkleinerte Kräuter und Fenchelgrün darüberstreuen. Dazu: Toast oder Baguette. Pro Portion 10 g Eiweiß, 15 g Fett, 36 g Kohlenhydrate, 11 g Ballaststoffe, 310 Kalorien.

CHAMPIGNONSALAT

FÜR 2 PORTIONEN - FOTO

200 g Champignons,
1 kleine unbehandelte Zitrone, Salz,
1 Lauchzwiebel,
frisch gemahlener weißer Pfeffer,
2 Eßl. Erdnußöl

Champignons waschen und in Scheiben schneiden. Mit etwas abgeriebener Zitronenschale, dem ausgepreßten Zitronensaft und Salz mischen. Lauchzwiebel putzen, waschen und längs in dünne Streifen schneiden. Pilze und Zwiebelstreifen auf Tellern anrichten, mit Pfeffer bestreuen, mit Öl beträufeln. Dazu: Toast. Pro Portion 3 g Eiweiß, 10 g Fett, 1 g Kohlenhydrate, 2 g Ballaststoffe, 110 Kalorien.

Champignonsalat

MARINIERTE LINSEN MIT ORANGEN

FÜR 4 PORTIONEN

250 g braune Linsen, 4 Eßl. Öl,
1 Eßl. Instant-Gemüsebrühe, 2 Eßl. Obstessig,
500 g Stangensellerie, 2 unbehandelte Orangen,
Salz, frisch gemahlener schwarzer Pfeffer

Linsen in einem Eßlöffel Öl bei mittlerer Hitze anbraten. Einen halben Liter Wasser und Brühe zugeben, Linsen aufkochen und in etwa 50 Minuten weich garen. Essig und restliches Öl untermischen. Linsen lauwarm abkühlen lassen. Selleriestangen putzen und waschen. Blättchen abschneiden und zum Bestreuen beiseite legen. Stangen in fingerbreite Stücke schneiden. Ein großes Stück Orangenschale dünn abschneiden und hacken. Orangen schälen und in Stücke schneiden. Alle diese zerkleinerten Zutaten mit den Linsen vermischen. Mit Salz und Pfeffer abschmecken und mit den Sellerieblättchen bestreut servieren. ✚ Dazu: Brot oder Pellkartoffeln. Ⓝ Pro Portion 17 g Eiweiß, 11 g Fett, 40 g Kohlenhydrate, 12 g Ballaststoffe, 330 Kalorien.

BOHNENSALAT MIT PILZEN

FÜR 4 PORTIONEN

1 Dose rote Bohnen (Füllmenge 400 g),
1 Dose Große weiße Bohnen (Füllmenge 400 g),
2 Lorbeerblätter, 1 Zweig Rosmarin,
1/8 l kräftige kalte Gemüsebrühe (Instant),
1 Eßl. scharfer Senf, 4 Eßl. Rotweinessig,
4 Eßl. Olivenöl, 250 g Champignons,
2 Tomaten, 1 kleine Zwiebel,
1/2 Bund Petersilie, Salz,
frisch gemahlener schwarzer Pfeffer

Beide Bohnensorten abtropfen lassen. Lorbeerblätter und abgezupfte Rosmarinblättchen fein hacken. Brühe mit Senf, Essig und Öl verrühren. Bohnen, Lorbeer und Rosmarin damit mischen. Bohnen zugedeckt mindestens eine Stunde ziehen lassen. Pilze waschen und blättrig schneiden. Tomaten würfeln, abgezogene Zwiebel in Ringe schneiden. Petersilie fein hacken. Alles mit den Bohnen vermischen, mit Salz und Pfeffer abschmecken. ✚ Dazu: Brot oder Pellkartoffeln. Ⓝ Pro Portion 24 g Eiweiß, 12 g Fett, 57 g Kohlenhydrate, 14 g Ballaststoffe, 430 Kalorien.

KARTOFFELSALAT MIT BOHNEN

FÜR 4 PORTIONEN

500 g Kartoffeln (festkochende Sorte),
500 g grüne Bohnen,
1 Eßl. Instant-Gemüsebrühe, 1 große Zwiebel,
1/2 Bund Bohnenkraut,
1 Dose rote Bohnen (Füllmenge 400 g),
3 Eßl. Weißweinessig, 3 Eßl. Olivenöl, Salz,
frisch gemahlener weißer Pfeffer

Kartoffeln waschen und in wenig Wasser zugedeckt weich kochen. Grüne Bohnen waschen, putzen und in etwa fünf Zentimeter lange Stücke schneiden. Mit einem Achtelliter Wasser und Gemüsebrühe aufkochen und zugedeckt bei kleiner Hitze etwa 20 Minuten garen. Abgezogene Zwiebel und gewaschenes Bohnenkraut fein hacken. Kartoffeln abgießen, kalt abschrecken, pellen und in Scheiben schneiden. Zwiebel, Bohnenkraut, grüne Bohnen mit der Garflüssigkeit, abgetropfte rote Bohnen, Essig und Öl zugeben und alles mischen. Salat mit Salz und Pfeffer abschmecken. N Pro Portion 16 g Eiweiß, 9 g Fett, 55 g Kohlenhydrate, 13 g Ballaststoffe, 360 Kalorien.

ORANGEN-ZWIEBEL-SALAT MIT MANDELN

FÜR 3 PORTIONEN

50 g Mandelstifte, 2 Eßl. Öl, 3 Orangen,
2 rote Zwiebeln, Salz,
frisch gemahlener schwarzer Pfeffer,
1 Eßl. Weißweinessig,
1 kleines Bund Petersilie

Mandelstifte bei kleiner bis mittlerer Hitze in einem Teelöffel Öl goldgelb rösten. Orangen schälen und in Scheiben schneiden, Saft dabei auffangen. Orangenscheiben auf Tellern verteilen. Zwiebeln abziehen und in hauchfeine Ringe schneiden. Auf den Orangen anrichten, mit Salz und Pfeffer bestreuen. Aufgefangenen Orangensaft mit Essig und dem restlichen Öl verrühren und über den Salat geben. Petersilie fein hacken und mit den Mandelstiften über den Salat streuen. + Dazu: Weißbrot oder Toast. N Pro Portion 6 g Eiweiß, 16 g Fett, 19 g Kohlenhydrate, 6 g Ballaststoffe, 240 Kalorien.

FENCHELSALAT MIT OBST

FÜR 4 PORTIONEN

100 g frische Ananas (siehe Kasten Seite 124), 1 rosa Grapefruit, 1 kleiner Apfel, 500 g Fenchel, 2 Eßl. Zitronensaft, 1 Prise Zucker, 1 Teel. grüne Pfefferkörner (frisch oder eingelegt), 3 Eßl. Erdnuß- oder Maiskeimöl

Geschälte Ananas und Grapefruit in kleine Stücke schneiden, Saft dabei auffangen. Apfel waschen oder schälen, vom Kerngehäuse befreien und grob raspeln. Mit dem übrigen Obst mischen. Fenchelblättchen abschneiden, waschen und hacken. Knollen halbieren, Strunk herausschneiden, Hälften waschen und quer zu den Fasern in feine Streifen schneiden. Zum Obst geben. Aufgefangenen Obstsaft, Zitronensaft, Zucker, zerdrückte Pfefferkörner und Öl zugeben und mischen. Salat auf Tellern anrichten und mit dem Fenchelgrün bestreuen. N Pro Portion 3 g Eiweiß, 8 g Fett, 14 g Kohlenhydrate, 5 g Ballaststoffe, 150 Kalorien.

SPARGELSALAT MIT ZUCKERSCHOTEN

FÜR 3 PORTIONEN

600 g weißer Spargel, 150 g Zuckerschoten, Salz, 2 Eßl. Apfelessig, 3 Eßl. Öl, frisch gemahlener weißer Pfeffer, 1 kleines Bund Dill

Spargel schälen und holzige Enden abschneiden. Zuckerschoten waschen und putzen. Spargelstangen in reichlich kochendes Salzwasser geben, einmal aufkochen und zugedeckt bei kleiner Hitze zehn Minuten garen. Zuckerschoten zugeben, erneut aufkochen und das Gemüse weitere fünf Minuten garen. Mit einem Schaumlöffel herausnehmen und auf einer tiefen Platte anrichten. Von der Kochbrühe einen Viertelliter abmessen, mit Essig und Öl vermischen und über das Gemüse geben. Salat mit Pfeffer würzen und lauwarm abkühlen lassen. Unmittelbar vor dem Servieren mit dem grob gehackten Dill bestreuen. + Dazu: Baguette. N Pro Portion 6 g Eiweiß, 10 g Fett, 7g Kohlenhydrate, 5 g Ballaststoffe, 130 Kalorien.

GEMÜSE-OBST-SALAT MIT GEBRATENEM TOFU

FÜR 5 PORTIONEN

250 g Tofu (siehe Kasten), 2 Eßl. Sojasoße, 50 g frische Datteln, 1 kleine Orange, 1 Eßl. Zitronensaft, 2 Eßl. Himbeeressig, 1 Teel. Zucker, 1/4 Teel. Sambal oelek (siehe Kasten Seite 96), 1 Möhre, 1 säuerlicher Apfel, 200 g Salatgurke, 1 feste saftige Birne (Abate oder Alexander Lucas), 1 kleine grüne Paprikaschote, 3 Eßl. Öl, 1 Eßl. Sesamsamen, eventuell Salz

Tofu würfeln und mit Sojasoße vermischen. Datteln waschen, trockentupfen, entsteinen und in Stücke schneiden. Mit Orangen- und Zitronensaft, Essig, Zucker und Sambal oelek vermischen. Möhre, Apfel, Salatgurke und Birne schälen und grob raspeln. Paprikaschote putzen, waschen und in Streifen schneiden. Alles mit den Datteln vermischen und auf Tellern verteilen. Öl erhitzen. Tofu und Sesam darin bei mittlerer bis großer Hitze unter ständigem Wenden braten, bis die Tofuwürfel gebräunt sind. Heiß auf dem Salat verteilen, Sesam darüberstreuen. Salat eventuell mit Salz würzen. N Pro Portion 5 g Eiweiß, 10 g Fett, 19 g Kohlenhydrate, 4 g Ballaststoffe, 180 Kalorien.

TOFU, ein fettarmes, quarkähnliches Lebensmittel aus gelben Sojabohnen, ist nicht nur cholesterinfrei, sondern ist sogar besonders günstig bei erhöhtem Cholesterinspiegel, denn Sojaeiweiß senkt ihn. Tofu schmeckt neutral und kommt deshalb mit aromatischen Zutaten und kräftiger Würze am besten zur Geltung: zum Beispiel mit Knoblauch, Gewürzen, Kräutern, Sojasoße, Zitronensaft, Gemüse, Obst, Salat, Vollkornnudeln, Reis, Nüssen und Hülsenfrüchten. Reste von rohem Tofu können Sie etwa eine Woche in einem verschlossenen Gefäß mit Wasser bedeckt im Kühlschrank aufbewahren. Das Wasser mehrmals wechseln. Oder Sie frieren Tofu ein: Beim Auftauen ist er zwar etwas poröser, eignet sich aber immer noch gut zum Braten oder Schmoren.

KICHERERBSENSALAT

FÜR 4 PORTIONEN - FOTO

1/2 Bund Lauchzwiebeln, 1 Bund Petersilie,
50 g Sonnenblumenkerne,
1 Dose Kichererbsen (Füllmenge 400 g),
2 Eßl. Essig, 1/2 Eßl. Honig, Salz,
frisch gemahlener weißer Pfeffer, 4 Eßl. Öl

Lauchzwiebeln putzen, waschen und in dünne Ringe schneiden. Petersilie waschen, Blättchen abzupfen. Sonnenblumenkerne ohne Fettzugabe in einer Pfanne rösten. Alle diese Zutaten mit abgetropften Kichererbsen in eine Schüssel geben. Für die Salatsoße Essig mit Honig, Salz, Pfeffer und Öl verrühren. Mit dem Salat mischen. Dazu: Brot oder Pellkartoffeln. Pro Portion 14 g Eiweiß, 18 g Fett, 29 g Kohlenhydrate, 7 g Ballaststoffe, 330 Kalorien. Tip: Zum Mitnehmen Salat am Vorabend zubereiten und zugedeckt im Kühlschrank aufbewahren.

DICKE BOHNEN MIT GEMÜSE

FÜR 4 PORTIONEN

1 Paket Tiefkühl-Dicke Bohnen (300 g),
1 Teel. Instant-Gemüsebrühe, 1 Orange,
1 Eßl. Zitronensaft, 3 Eßl. Maiskeimöl,
1/2 Kopf Salat wie Endivien, Frisée- oder
Bataviasalat, 1 Kohlrabi, 1 Möhre,
1 kleine Zwiebel, 1 Bund Dill,
1 Eßl. Magerjoghurt, Salz, Cayennepfeffer

Dicke Bohnen mit einem Achtelliter Wasser und Brühe aufkochen und zugedeckt bei kleiner Hitze etwa 20 Minuten garen. Orangensaft, Zitronensaft und Öl untermischen, Bohnen erkalten lassen. Salatblätter waschen, trockenschwenken und in Streifen schneiden. Kohlrabi und Möhre schälen und grob raspeln. Abgezogene Zwiebel und Dill fein hacken. Diese Zutaten und Joghurt mit den Bohnen mischen, mit Salz und Cayennepfeffer abschmecken. Dazu: Brot oder Pellkartoffeln. Pro Portion 6 g Eiweiß, 8 g Fett, 15 g Kohlenhydrate, 6 g Ballaststoffe, 160 Kalorien.

Kichererbsensalat

MARINIERTER GRÜNKERN MIT ROTE BETE

FÜR 4 PORTIONEN

200 g Grünkernkörner, 1 Eßl. Instant-Gemüsebrühe, 1 kg rote Bete, 4 Eßl. Rotweinessig, 1 Eßl. Aceto balsamico (Balsamessig), 3 Eßl. Öl, 1 Bund Schnittlauch, 100 g Magerjoghurt, Salz, Cayennepfeffer

Grünkern mit einem halben Liter Wasser und Brühe aufkochen und zugedeckt bei kleiner Hitze eine Stunde garen. Rote Bete schälen, raspeln und mit dem heißen Grünkern mischen. Beide Essigsorten und Öl unterrühren. Erkalten lassen. Fein zerkleinerten Schnittlauch und Joghurt untermischen, mit Salz und Cayennepfeffer abschmecken. + Dazu Zwiebelbrötchen. N Pro Portion 10 g Eiweiß, 9 g Fett, 53 g Kohlenhydrate, 7 g Ballaststoffe, 330 Kalorien. ! Tip: Zum Mitnehmen Salat am Vorabend zubereiten und zugedeckt im Kühlschrank aufbewahren.

SCHWARZWURZELSALAT

FÜR 3 PORTIONEN

700 g Schwarzwurzeln, 1 Teel. Instant-Gemüsebrühe, 1 große unbehandelte Zitrone, 4 Eßl. Olivenöl, Salz, frisch gemahlener weißer Pfeffer, 1 Kästchen Gartenkresse

Schwarzwurzeln waschen, bis das Wasser klar bleibt. In reichlich kochendem Wasser aufkochen und zugedeckt bei kleiner Hitze in etwa 15 Minuten gerade eben bißfest garen. Herausnehmen, kalt abschrecken, schälen und nebeneinander in eine Form mit niedrigem Rand legen. Vom Kochwasser einen Viertelliter abmessen, mit der Gemüsebrühe, reichlich fein gehackter Zitronenschale, Zitronensaft und Öl vermischen. Über die Schwarzwurzeln gießen. Zugedeckt bei Zimmertemperatur mindestens drei Stunden ziehen lassen. Unmittelbar vor dem Servieren mit Salz und Pfeffer würzen, mit Kresse bestreuen. + Dazu: Pellkartoffeln oder Brot. N Pro Portion 3 g Eiweiß, 14 g Fett, 3 g Kohlenhydrate, 16 g Ballaststoffe, 150 Kalorien.

LINSENSALAT

FÜR 4 PORTIONEN

250 g braune Linsen, 1 Eßl. Instant-Gemüsebrühe, 1 Lauchzwiebel, 400 g Tomaten, 1 Bund Basilikum, 1 Eßl. Kapern, 3 Eßl. Tomatensaft, 3 Eßl. milder Essig, 2 Eßl. Öl, Salz, 1/4 Teel. Sambal oelek (siehe Kasten Seite 96)

Linsen mit einem halben Liter Wasser und Brühe aufkochen und in 50 Minuten weich garen. Lauchzwiebel putzen, waschen und in dünne Ringe schneiden. Tomaten waschen und würfeln. Basilikum waschen und hacken. Alle diese Zutaten mit abgetropften Linsen, Kapern, Tomatensaft, Essig und Öl vermischen. Mit Salz und Sambal oelek abschmecken. + Dazu: Baguette. N Pro Portion 16 g Eiweiß, 6 g Fett, 36 g Kohlenhydrate, 9 g Ballaststoffe, 260 Kalorien. ! Tip: Zum Mitnehmen Salat am Vorabend zubereiten und zugedeckt im Kühlschrank aufbewahren.

REISNUDELSALAT MIT TOFU

FÜR 4 PORTIONEN

100 g Zuckerschoten, 200 g Tofu (siehe Kasten Seite 29), 3 Knoblauchzehen, 2 Eßl. Öl, 1 Eßl. Sesamsamen, 1 rosa Grapefruit, 1 Orange, 100 g dünne Reisnudeln, 1 rote Paprikaschote, 1 Lauchzwiebel, 200 g Salatgurke, 1 Handvoll gemischte Kräuter wie Petersilie, Kerbel, Koriandergrün, Minze und Zitronenmelisse, Salz, Cayennepfeffer

Zuckerschoten waschen und putzen. Tofu würfeln, abgezogenen Knoblauch hacken. Öl erhitzen. Zuckerschoten und Tofu darin bei großer bis mittlerer Hitze unter Rühren etwa fünf Minuten rösten, bis die Zuckerschoten gerade eben weich sind. Knoblauch und Sesam untermischen und einige Sekunden mitrösten. Grapefruit und Orange auspressen, Saft in die Pfanne geben und den Bratfond damit lösen. Alles in eine Schüssel geben. Reisnudeln mit kochendem Wasser übergießen und etwa drei Minuten darin ziehen lassen. Abgießen und zur Tofumischung geben. Paprikaschote waschen, vierteln, putzen und in feine Streifen schneiden. Geputzte Lauchzwiebel in dünne Ringe, geschälte Gurke in Stifte schneiden. Kräuter grob hacken. Alle diese Zutaten zu der Tofumischung geben. Salat mit Salz und Cayennepfeffer würzen und mischen. N Pro Portion 8 g Eiweiß, 9 g Fett, 24 g Kohlenhydrate, 4 g Ballaststoffe, 200 Kalorien.

GROSSE SALATPLATTE

FÜR 4 PORTIONEN - FOTO

1 mittelgroße Aubergine, 5 Eßl. Olivenöl,
4 Eßl. Essig, 2 Eßl. Zitronensaft, 1 Eßl. Nußöl,
2 Kohlrabi, 2 Möhren, 300 g Tomaten,
je 1 rote und grüne Paprikaschote, 100 g Spinat,
Salz, frisch gemahlener schwarzer Pfeffer,
4 Scheiben Toastbrot, 1 Eßl. Kapern

Aubergine waschen, in Scheiben schneiden und in drei Eßlöffel Wasser und zwei Eßlöffel Olivenöl etwa fünf Minuten bei kleiner Hitze zugedeckt dünsten. Herausnehmen und auf einer Platte anrichten. Für die Salatsoße abgekühlte Dünstflüssigkeit mit Essig, Zitronensaft, einem Eßlöffel Olivenöl und dem Nußöl verrühren. Kohlrabi und Möhren schälen. Kohlrabi würfeln, Möhren in Scheiben schneiden. Gewaschene Tomaten in Achtel, geputzte Paprikaschoten in Ringe schneiden. Spinat waschen und trockenschwenken. Alle diese Salatzutaten zu der Aubergine geben. Mit der Salatsoße beträufeln, mit Salz und Pfeffer würzen. Brot würfeln und im restlichen Olivenöl bei klciner Hitze braten. Mit den Kapern auf dem Salat verteilen. Pro Portion 9 g Eiweiß, 16 g Fett, 27 g Kohlenhydrate, 9 g Ballaststoffe, 290 Kalorien.

SCHARF GEWÜRZTER MÖHRENSALAT

FÜR 4 PORTIONEN

500 g Möhren, 1 große Essiggurke,
1 kleine Zwiebel, 1 Bund Dill,
2 Eßl. Zitronensaft, Salz,
1/4 Teel. Sambal oelek (siehe Kasten Seite 96),
2 Eßl. Öl

Möhren schälen und grob raspeln. Essiggurke würfeln. Abgezogene Zwiebel und gewaschenen Dill fein hacken. Zitronensaft mit Salz, Sambal oelek und Öl verrühren. Mit Möhren, Essiggurke, Zwiebel und Dill vermischen. Dazu: Vollkornbrötchen oder Kartoffelpuffer (Rezept Seite 105, Ananaskraut weglassen). Pro Portion 2 g Eiweiß, 5 g Fett, 8 g Kohlenhydrate, 5 g Ballaststoffe, 90 Kalorien.

Große Salatplatte

BUNTER REISSALAT

FÜR 4 PORTIONEN

250 g Tofu (siehe Kasten Seite 29), 2 Eßl. Sojasoße, 1 Eßl. Zitronensaft, 4 getrocknete Chinapilze (Mu-Err oder Shiitake), 1/8 l kalte Gemüsebrühe (Instant), 100 g Natur-Langkornreis, Salz, 100 g Mungobohnensprossen, 1 kleine Zwiebel, 400 g Tomaten, 300 g Stangensellerie, 3 Eßl. milder Obstessig, frisch gemahlener schwarzer Pfeffer, 3 Eßl. Erdnußöl, 1 Bund Petersilie, 1 Eßl. Kürbiskerne

Tofu würfeln, mit Sojasoße und Zitronensaft vermischen und zugedeckt im Kühlschrank marinieren. Pilze in der kalten Gemüsebrühe etwa vier Stunden einweichen. Reis mit 200 Kubikzentimeter Wasser und Salz aufkochen und zugedeckt bei kleinster Hitze in etwa 45 Minuten körnig weich garen. Pilze aus der Brühe nehmen und in Streifen schneiden. Brühe durch eine Kaffeefiltertüte gießen, um die Erdreste, die sich aus den Pilzen gelöst haben, aufzufangen. Brühe aufkochen. Pilze und Sprossen darin unter Rühren etwa drei Minuten kochen lassen. Abgezogene Zwiebel halbieren und in dünne Ringe schneiden. Tomaten waschen und würfeln, Sellerie putzen, waschen und in etwa fingerbreite Stücke schneiden. Reis, Sprossen-Pilz-Mischung, Zwiebel, Tomaten und Sellerie mit Essig, Salz, Pfeffer und Öl mischen. Marinierten Tofu über dem Salat verteilen. Petersilie und Kürbiskerne grob hacken und darüberstreuen. **N** Pro Portion 11 g Eiweiß, 12 g Fett, 21 g Kohlenhydrate, 6 g Ballaststoffe, 200 Kalorien. **!** Tip: Reissalate nicht aufbewahren, sonst quillt der Reis im Dressing weiter und wird matschig. Zum Mitnehmen den Salat mit Bulgur, Hirse oder Couscous zubereiten.

ITALIENISCHER BROTSALAT

FÜR 2 PORTIONEN

300 g Weizen- oder Roggenmischbrot,
1/4 l kalte Gemüsebrühe (Instant),
1 Teel. getrockneter Oregano, 3 Eßl. Essig,
1 Zwiebel, 1 Knoblauchzehe, 1 Gewürzgurke,
750 g Tomaten, 1 grüne Paprikaschote,
1 Bund Basilikum (ersatzweise Petersilie),
1 Bund Schnittlauch, 3 Eßl. Kapern,
4 Eßl. Olivenöl, Salz, frisch gemahlener
schwarzer Pfeffer, 1 Eßl. Kürbiskerne

Brot in Scheiben schneiden und mittelbraun toasten. Erkalten lassen und würfeln. Mit kalter Gemüsebrühe, Oregano und Essig vermischen. Abgezogene Zwiebel, Knoblauchzehe und abgetropfte Gurke hacken. Gewaschene Tomaten würfeln. Geputzte, gewaschene Paprikaschote in Streifen schneiden. Kräuter waschen und zerkleinern. Alle diese Zutaten, Kapern und Öl mit dem Brot mischen. Mit Salz und Pfeffer kräftig abschmecken. Kürbiskerne darüberstreuen. N Pro Portion 19 g Eiweiß, 26 g Fett, 89 g Kohlenhydrate, 16 g Ballaststoffe, 670 Kalorien. ! Tip: Zum Mitnehmen am Vorabend alle Zutaten außer Tomaten und Kräutern mischen. Sie kommen erst morgens dazu.

NUDELSALAT MIT GEMÜSE

FÜR 4 PORTIONEN

250 g Hörnchennudeln (ohne Ei),
1 Paket Tiefkühl-Erbsen (300 g), Salz,
3 Eßl. Olivenöl, 150 g Champignons,
1 kleine Zitrone, 300 g Tomaten,
1 kleines Bund Basilikum, 1 Eßl. Essig,
1 Teel. mittelscharfer Senf, Salz,
1 Teel. grüne Pfefferkörner (frisch oder eingelegt)

Nudeln mit Erbsen in reichlich Salzwasser bißfest kochen, abgießen, abtropfen lassen und heiß mit einem Eßlöffel Öl mischen. Pilze waschen, blättrig schneiden und mit Zitronensaft vermischen. Gewaschene Tomaten würfeln, Basilikum fein zerkleinern. Für die Salatsoße Essig mit Senf, Salz, zerdrückten Pfefferkörnern und dem restlichen Öl verrühren. Nudeln und Erbsen mit Pilzen, Tomaten, Basilikum und der Salatsoße vermischen, mit Salz abschmecken. N Pro Portion 15 g Eiweiß, 10 g Fett, 52 g Kohlenhydrate, 8 g Ballaststoffe, 360 Kalorien.

Rohkostsalat mit Kürbiskernen

ROHKOSTSALAT MIT KÜRBISKERNEN

FÜR 2 PORTIONEN - FOTO

1 Fenchelknolle, 2 Möhren, 2 Lauchzwiebeln, 2 mittelgroße Äpfel, 1/2 Bund Petersilie, 1 Zweig Thymian, 4 Eßl. Gemüsebrühe (Instant), 2 Eßl. Zitronensaft, Salz, frisch gemahlener weißer Pfeffer, 3 Eßl. Öl, 1 Scheibe Vollkornbrot (etwa 40 g), 1 Eßl. Kürbiskerne

Fenchel waschen, Blättchen abschneiden und grob hacken. Knolle halbieren, Strunk herausschneiden. Hälften quer zu den Fasern in dünne Scheiben schneiden. Möhren schälen und in Stifte schneiden. Lauchzwiebeln putzen waschen und in Ringe schneiden. Äpfel vierteln, schälen, vom Kerngehäuse befreien und würfeln. Kräuter waschen, trockentupfen, Blättchen abzupfen. Brühe mit Zitronensaft, Salz, Pfeffer und Öl verrühren und mit den zerkleinerten Salatzutaten mischen. Brot zerkrümeln. Mit Kürbiskernen in einer Pfanne ohne Fettzugabe bei mittlerer Hitze knusprig rösten. Über dem Salat verteilen. Ⓝ Pro Portion 8 g Eiweiß, 19 g Fett, 33 g Kohlenhydrate, 11 g Ballaststoffe, 330 Kalorien.

CHINAKOHLSALAT MIT CURRY UND ORANGE

FÜR 4 PORTIONEN

1 kleine grüne Pfefferschote, 1 Knoblauchzehe, 2 Teel. Currypulver, Salz, 2 Eßl. Zitronensaft, 150 g Magerjoghurt, 1 Eßl. Öl, 750 g Chinakohl, 1 große Orange, 1 Eßl. Sonnenblumenkerne, 1/2 Bund Schnittlauch

Pfefferschote putzen, von allen Kernen befreien und fein hacken. Abgezogenen Knoblauch zerdrücken. Beide Zutaten mit Currypulver, Salz, Zitronensaft, Joghurt und Öl verrühren. Chinakohl putzen, waschen, trockenschwenken und in feine Streifen schneiden. Orange schälen und in Stücke schneiden. Saft auffangen und unter die Currycreme rühren. Chinakohl und Orange mit Currycreme und Sonnenblumenkernen mischen. Schnittlauch fein zerkleinern und darüberstreuen. ⊕ Dazu: Toast oder Vollkornbrot. Ⓝ Pro Portion 5 g Eiweiß, 4 g Fett, 7 g Kohlenhydrate, 3 g Ballaststoffe, 85 Kalorien.

2/SUPPEN

Minestrone (Rezept Seite 42)

MINESTRONE

FÜR 6 PORTIONEN - FOTO SEITE 40/41

200 g Kartoffeln (festkochende Sorte),
2 Möhren, 1 kleine Stange Porree, 1 Zwiebel,
1 Knoblauchzehe, 1/2 Wirsingkohl (etwa 300 g),
1 Zucchino, 2 Tomaten, 2 Eßl. Olivenöl,
1 Teel. getrockneter Thymian,
1 Dose Große weiße Bohnen (Füllmenge 400 g),
1 Paket Tiefkühl-Dicke Bohnen (300 g),
1 Paket Tiefkühl-grüne Bohnen (300 g),
1 Eßl. Instant-Gemüsebrühe,
100 g Hörnchennudeln (ohne Ei) oder Arborio-Reis (siehe Kasten), Salz, frisch gemahlener weißer Pfeffer, 1 Bund Petersilie,
50 g frisch geriebener Parmesankäse

Geschälte Kartoffeln und Möhren waschen und würfeln. Porree putzen und in Ringe schneiden. Zwiebel und Knoblauch hacken. Wirsing noch einmal halbieren, Strunk herausschneiden. Viertel putzen, waschen und in Streifen schneiden. Gewaschenen Zucchino in Scheiben schneiden. Tomaten abziehen und würfeln. Öl mit Thymian erhitzen. Zwiebel und Knoblauch darin bei kleiner Hitze glasig braten. Kartoffeln, Möhren, Porree, Wirsing, Zucchino, Tomaten, abgetropfte weiße Bohnen, Dicke und grüne Bohnen, 1 1/4 l Wasser und Brühe zugeben. Minestrone aufkochen und zugedeckt bei mittlerer bis kleiner Hitze etwa 20 Minuten garen, bis Kartoffeln und Gemüse weich sind. Nudeln oder Reis garen und zur Suppe geben. Minestrone mit Salz und Pfeffer abschmecken. Fein gehackte Petersilie und Parmesankäse darüberstreuen.
N Pro Portion 19 g Eiweiß, 7 g Fett, 45 g Kohlenhydrate, 13 g Ballaststoffe, 310 Kalorien.

ARBORIO, italienischen Rundkornreis mit sehr großen Körnern, nimmt man für Risotto und dicke Suppen. Diesen Reis bekommen Sie nur in (italienischen) Feinkostgeschäften. In den meisten Reformhäusern gibt es Avorio, die Parboiled-Sorte mit etwas kleineren, elfenbeinfarbenen Körnern. Ein guter Ersatz für beide und in jedem Supermarkt zu kaufen: weißer Patna-Langkornreis.

BROTSUPPE MIT GEMÜSE UND KRÄUTERN

FÜR 4 PORTIONEN

100 g Weizenmischbrot, 1 kleine Fenchelknolle mit Grün, 2 Tomaten, 1 Zwiebel, 1 Knoblauchzehe, 2 Eßl. Öl, 1 l Gemüsebrühe (Instant), 50 g Kaffeesahne (10 %), Salz, frisch gemahlener weißer Pfeffer

Brot in kleine Würfel schneiden. Fenchelknolle halbieren, waschen, Strunk herausschneiden. Fenchelgrün fein hacken, Knolle in feine Streifen schneiden. Tomaten abziehen und würfeln. Abgezogene Zwiebel und Knoblauchzehe fein hacken. Öl erhitzen. Zwiebel und Knoblauch darin glasig braten. Brot, Fenchelstreifen, Tomaten und Brühe zugeben, aufkochen und zugedeckt bei kleiner Hitze fünf Minuten kochen. Kaffeesahne unterrühren. Suppe mit Salz und Pfeffer würzen. Mit dem Fenchelgrün bestreut servieren. N Pro Portion 4 g Eiweiß, 7 g Fett, 17 g Kohlenhydrate, 4 g Ballaststoffe, 150 Kalorien.

SAUERKRAUTSUPPE

FÜR 4 PORTIONEN

1 große Zwiebel, 500 g Sauerkraut, 1 Eßl. Öl, 1 Eßl. edelsüßes Paprikapulver, 1 Teel. getrockneter Majoran, 1 l Gemüsebrühe (Instant), 1 große Kartoffel (mehlige Sorte), Salz, 1 Bund Petersilie, 200 g Magerjoghurt, eventuell Sambal oelek (siehe Kasten Seite 96)

Zwiebel abziehen und fein hacken. Sauerkraut ausdrücken und grob zerschneiden. Öl erhitzen. Zwiebel darin glasig braten. Sauerkraut zugeben und etwa eine Minute schmoren. Paprikapulver und Majoran untermischen, Brühe zugießen. Kartoffel schälen, waschen und auf der feinen Rohkostreibe in die Suppe reiben. Suppe salzen, aufkochen und zugedeckt bei kleiner Hitze 40 Minuten garen. Petersilie fein hacken und mit dem Joghurt mischen. Joghurt nach Wunsch mit Sambal oelek würzen. Suppe auf Tellern verteilen und jeweils einen Löffel voll Joghurt auf die Portionen geben. Restlichen Joghurt dazu servieren. N Pro Portion 5 g Eiweiß, 3 g Fett, 12 g Kohlenhydrate, 5 g Ballaststoffe, 95 Kalorien.

DICKE NUDELSUPPE MIT GEMÜSE

FÜR 4 PORTIONEN

1 große Zwiebel, 1 Knoblauchzehe,
2 Eßl. Öl, 1 l Gemüsebrühe (Instant),
1 Paket Tiefkühl-Suppengemüse (450 g),
100 g feine Suppennudeln (ohne Ei),
1 Bund Schnittlauch, Salz,
frisch gemahlener schwarzer Pfeffer

Zwiebel und Knoblauch abziehen, hacken und im heißen Öl bei kleiner Hitze glasig braten. Brühe zugießen und aufkochen. Suppengemüse und Nudeln zugeben, aufkochen und zugedeckt bei kleiner Hitze etwa fünf Minuten garen. Schnittlauch waschen, trockentupfen und fein zerkleinern. Suppe mit Salz und Pfeffer abschmecken und mit Schnittlauch bestreut anrichten. N Pro Portion 7 g Eiweiß, 6 g Fett, 26 g Kohlenhydrate, 7 g Ballaststoffe, 190 Kalorien.

GEMÜSESUPPE MIT TOFU

FÜR 4 PORTIONEN

150 g Tofu (siehe Kasten Seite 29),
2 Eßl. Zitronensaft, 1 Eßl. Sojasoße,
300 g grüner Spargel, 200 g Zuckerschoten,
100 g Löwenzahn, 1 l Gemüsebrühe (Instant),
Salz, 1 kleine rote Pfefferschote, 2 Eßl. Öl,
30 g Pistazienkerne, 1 Handvoll Kerbel

Tofu in kleine Würfel schneiden. Mit Zitronensaft und Sojasoße mischen und zugedeckt ziehen lassen. Spargelstangen waschen, holzige Enden abschneiden, Stangen in etwa drei Zentimeter lange Stücke schneiden. Spargelköpfe beiseite legen. Zuckerschoten waschen und putzen. Löwenzahn waschen und grob hacken. Brühe aufkochen. Spargelstangen zugeben, erneut aufkochen und zugedeckt bei kleiner Hitze fünf Minuten garen. Spargelköpfe, Zuckerschoten und Löwenzahn zufügen und zwei Minuten sprudelnd kochen. Mit Salz abschmecken. Während die Suppe gart, Pfefferschote längs halbieren, Kerne entfernen, Schotenhälften fein zerkleinern. Öl erhitzen. Pfefferschote, Pistazien und Tofu darin bei mittlerer Hitze etwa fünf Minuten braten. Dabei häufig wenden. Auf heißen Tellern verteilen und mit der Suppe übergießen. Kerbel darüberstreuen. N Pro Portion 8 g Eiweiß, 9 g Fett, 8 g Kohlenhydrate, 4 g Ballaststoffe, 140 Kalorien.

KARTOFFELSUPPE MIT GEMÜSE

FÜR 4 PORTIONEN

300 g Kartoffeln (festkochende Sorte), 150 g Knollensellerie, 200 g Möhren, 1 Stange Porree, 1 kleine Zwiebel, 1 Teel. Öl, 1 Teel. getrockneter Majoran, 3/4 l Gemüsebrühe (Instant), Salz, Cayennepfeffer, 1/4 Teel. gemahlener Kümmel, 1 Kästchen Gartenkresse

Kartoffeln, Sellerie und Möhren schälen, waschen und würfeln. Porree putzen, waschen und in etwa fingerbreite Stücke schneiden. Abgezogene Zwiebel fein hacken. Öl erhitzen. Zerkleinerte Kartoffeln, Gemüse, Zwiebel und Majoran darin bei großer Hitze unter Rühren anbraten. Brühe zugeben, aufkochen und zugedeckt etwa 15 Minuten garen, bis die Kartoffeln weich sind. Suppe mit Salz, Cayennepfeffer und Kümmel abschmecken und mit Kressesträußchen anrichten. N Pro Portion 4 g Eiweiß, 2 g Fett, 17 g Kohlenhydrate, 6 g Ballaststoffe, 100 Kalorien.

BUNTE GETREIDESUPPE

FÜR 4 PORTIONEN

1 Möhre, 100 g Spinat, 3/4 l Gemüsebrühe (Instant), 40 g geschrotetes Getreide wie Bulgur, Couscous oder Grünkernschrot, 1/8 l Sojamilch (siehe Kasten Seite 47), Salz, Cayennepfeffer, 1/2 Bund Petersilie

Möhre schälen und in dünne Stifte schneiden. Den Spinat verlesen, waschen und hacken. Gemüsebrühe aufkochen. Getreideschrot unter Rühren zugeben, Suppe erneut aufkochen und zugedeckt bei schwacher Hitze fünf Minuten garen. Möhren und Spinat zufügen, erneut aufkochen und zugedeckt bei schwacher Hitze etwa vier Minuten garen. Sojamilch untermischen und erhitzen, aber nicht mehr aufkochen. Suppe mit Salz und Cayennepfeffer abschmecken. Petersilie sehr fein hacken und darüberstreuen. N Pro Portion 3 g Eiweiß, 1 g Fett, 8 g Kohlenhydrate, 3 g Ballaststoffe, 55 Kalorien.

HIRSESUPPE MIT TOMATEN

FÜR 3 PORTIONEN

1 Knoblauchzehe, 1 Teel. Safranfäden,
3/4 l Gemüsebrühe (Instant), 1 Eßl. Sojasoße,
75 g Hirse, 300 g Tomaten, Salz,
frisch gemahlener schwarzer Pfeffer,
1 Bund Schnittlauch

Knoblauch abziehen und fein hacken. Safranfäden zerreiben. Gemüsebrühe mit Knoblauch, Safran, Sojasoße und Hirse aufkochen und zugedeckt bei kleiner Hitze 20 Minuten garen. Tomaten abziehen, grob zerkleinern und in der Suppe aufkochen. Mit Salz und Pfeffer abschmecken. Schnittlauch waschen und in feine Röllchen schneiden. Suppe damit bestreut anrichten. N Pro Portion 4 g Eiweiß, 1 g Fett, 21 g Kohlenhydrate, 3 g Ballaststoffe, 110 Kalorien.

BOHNENSUPPE MIT REIS UND MINZE

FÜR 4 PORTIONEN

1 l Gemüsebrühe (Instant), 1 Knoblauchzehe,
60 g Arborio-Reis (siehe Kasten Seite 42),
1 Dose rote Bohnen (Füllmenge 400 g),
1 kleine Zitrone, 1 Handvoll frische Minzeblättchen (ersatzweise Petersilie),
Salz, frisch gemahlener weißer Pfeffer

Gemüsebrühe mit gehacktem Knoblauch und Reis aufkochen und zugedeckt bei kleiner Hitze 15 Minuten garen. Abgetropfte Bohnen und Zitronensaft untermischen, erneut aufkochen und fünf Minuten bei kleiner Hitze kochen lassen. Fein gehackte Minze untermischen. Suppe mit Salz und Pfeffer abschmecken. N Pro Portion 11 g Eiweiß, 1 g Fett, 39 g Kohlenhydrate, 6 g Ballaststoffe, 210 Kalorien.

KICHERERBSENSUPPE MIT BOHNEN

FÜR 4 PORTIONEN

200 g grüne Bohnen, 1 Zwiebel, 1 Lorbeerblatt,
1 Bund Bohnenkraut, 2 Eßl. Öl,
1/2 l Sojamilch (siehe Kasten),
1/2 l Gemüsebrühe (Instant),
2 Dosen Kichererbsen (Füllmenge 800 g),
Salz, frisch gemahlener schwarzer Pfeffer,
1 Eßl. Sesamsamen

Bohnen waschen, putzen und in etwa zwei Zentimeter lange Stücke schneiden. Abgezogene Zwiebel, Lorbeerblatt und gewaschenes Bohnenkraut fein hacken. Öl erhitzen. Die zerkleinerten Zutaten darin bei großer Hitze unter ständigem Rühren anbraten. Sojamilch und Brühe zugeben, aufkochen und die Bohnen zugedeckt bei kleiner Hitze zehn Minuten garen. Abgetropfte Kichererbsen zugeben, erneut aufkochen und fünf Minuten garen. Suppe mit Salz und Pfeffer abschmecken. Sesam in einer Pfanne ohne Fettzugabe bei kleiner Hitze rösten und über die Suppe streuen. N Pro Portion 26 g Eiweiß, 12 g Fett, 56 g Kohlenhydrate, 12 g Ballaststoffe, 430 Kalorien.

SOJAMILCH wird - wie Tofu - aus gemahlenen gelben Sojabohnen hergestellt. Sie ist reich an Eiweiß und wertvollen Fettsäuren, enthält jedoch weder Milchzucker noch Cholesterin. Verwenden können Sie die milchähnliche Flüssigkeit genau wie normale Milch - für Suppen, Soßen oder Süßspeisen und als Getränk. Wichtig für den Einkauf: Sojamilch steht in Grünen Läden und Reformhäusern in der Kühltheke bei den Milchprodukten und trägt die Bezeichnung “Sojadrink”.

KÜRBISSUPPE

FÜR 4 PORTIONEN - FOTO

500 g Kürbis, 1 Knoblauchzehe, 1 Eßl. Öl, 1 Teel. Gelbwurz, 3/4 l Gemüsebrühe (Instant), 1/8 l Sojamilch (siehe Kasten Seite 47), 2 Eßl. Zitronensaft, Salz, 1/4 Teel. Sambal oelek (siehe Kasten Seite 96), 1 kleines Bund Petersilie

Kürbis schälen und klein würfeln. Abgezogenen Knoblauch hacken. Öl erhitzen. Kürbis darin bei mittlerer Hitze braten, bis er leicht glasig ist. Knoblauch und Gelbwurz untermischen. Brühe zugießen und aufkochen. Suppe zugedeckt bei kleiner Hitze etwa zehn Minuten garen. Sojamilch zugießen und erhitzen. Suppe fein pürieren, mit Zitronensaft, Salz und Sambal oelek abschmecken. Mit der gehackten Petersilie bestreut anrichten. N Pro Portion 2 g Eiweiß, 3 g Fett, 7 g Kohlenhydrate, 1 g Ballaststoffe, 65 Kalorien.

FENCHEL-MÖHREN-SUPPE

FÜR 4 PORTIONEN

300 g Fenchel, 300 g Möhren, 2 Lauchzwiebeln, 1 grüne Pfefferschote, 1 Eßl. Erdnußöl, 3/4 l Gemüsebrühe (Instant), je 1/2 Teel. Zimt- und Ingwerpulver, Cayennepfeffer, Salz, 1 Eßl. Orangensaft

Fenchelgrün abschneiden und zum Bestreuen beiseite legen. Knollen halbieren, waschen, Strunk herausschneiden. Hälften quer zu den Fasern in knapp fingerbreite Stücke schneiden. Möhren schälen, zuerst in etwa fünf Zentimeter lange Stücke, dann in knapp fingerdicke Stifte schneiden. Lauchzwiebeln putzen, waschen und in dünne Ringe schneiden. Pfefferschote halbieren, Kerne entfernen, Schote in feine Streifen schneiden. Öl erhitzen. Fenchel, Möhren, Lauchzwiebeln und Pfefferschote darin bei großer Hitze unter Rühren anbraten. Brühe zugeben und aufkochen. Suppe zugedeckt bei mittlerer bis kleiner Hitze etwa fünf Minuten kochen, bis das Gemüse gerade eben bißfest ist. Mit Zimt, Ingwer, einer kräftigen Prise Cayennepfeffer, Salz und Orangensaft abschmecken und mit dem gehackten Fenchelgrün bestreuen. N Pro Portion 3 g Eiweiß, 3 g Fett, 9 g Kohlenhydrate, 5 g Ballaststoffe, 75 Kalorien.

Kürbissuppe

TOMATENSUPPE MIT PILZEN

FÜR 4 PORTIONEN

3 Lauchzwiebeln, 1 Knoblauchzehe,
100 g kleine Champignons, 2 Eßl. Olivenöl,
1 Teel. getrockneter Thymian,
2 Dosen Pizzatomaten (Füllmenge 800 g),
1/8 l Gemüsebrühe (Instant),
frisch gemahlener schwarzer Pfeffer,
1/2 Teel. Zucker

Lauchzwiebeln putzen, waschen und in dünne Ringe schneiden. Abgezogenen Knoblauch fein hacken. Pilze waschen. Öl erhitzen. Lauchzwiebeln, Knoblauch, Pilze und Thymian darin bei mittlerer Hitze anbraten. Tomaten und Brühe zugeben und aufkochen. Suppe mit Pfeffer und Zucker abschmecken. N Pro Portion 3 g Eiweiß, 6 g Fett, 8 g Kohlenhydrate, 5 g Ballaststoffe, 95 Kalorien.

ZUCCHINISUPPE

FÜR 4 PORTIONEN

400 g Zucchini, 1 große Zwiebel,
1 Knoblauchzehe, 1 1/2 Eßl. Öl,
1 Teel. Weizenvollkornmehl, 1 Eßl.
Currypulver, 3/4 l Gemüsebrühe (Instant),
3 Eßl. Zitronensaft, Salz,
frisch gemahlener schwarzer Pfeffer,
1 Eßl. Walnußkerne,
2 Eßl. Kokoscreme (siehe Kasten Seite 54),
1/2 Bund Petersilie

Zucchini waschen, putzen und würfeln. Zwiebel und Knoblauch abziehen und fein hacken. Einen Eßlöffel Öl erhitzen. Zwiebel, Knoblauch, Mehl und Currypulver darin bei mittlerer Hitze unter Rühren anrösten. Zucchiniwürfel zugeben und etwa eine Minute mitbraten. Brühe und Zitronensaft zufügen, Suppe mit Salz und Pfeffer würzen, aufkochen und zugedeckt bei kleiner Hitze etwa fünf Minuten garen. Inzwischen Walnußkerne grob hakken und im restlichen Öl bei kleiner Hitze rösten. Kokoscreme unter die Suppe mischen und erhitzen. Petersilie waschen, trockentupfen, fein hacken und mit den gerösteten Nußkernen über die Suppe geben. N Pro Portion 3 g Eiweiß, 7 g Fett, 9 g Kohlenhydrate, 3 g Ballaststoffe, 100 Kalorien.

KALTE TOMATENSUPPE MIT AVOCADO

FÜR 4 PORTIONEN

500 g Tomaten, 2 Knoblauchzehen,
1 kleine Avocado (siehe Kasten),
1 Eßl. Zitronensaft,
3/8 l kalte Gemüsebrühe (Instant),
3 Eßl. Magerjoghurt,
1 Teel. getrockneter Thymian, Salz,
1 Prise Zucker,
1/4 Teel. Sambal oelek (siehe Kasten Seite 96),
1 Teel. Olivenöl, 1 Bund Schnittlauch

Tomaten waschen und grob zerkleinern, Knoblauch abziehen. Avocado halbieren, Kern herauslösen, Hälften schälen. Alle diese Zutaten mit dem Zitronensaft im Blitzhacker pürieren. Püree mit Brühe, Joghurt, Thymian, Salz, Zucker, Sambal oelek und Öl vermischen. Suppe auf Tellern verteilen. Schnittlauch in feine Röllchen schneiden und darüberstreuen. + Dazu: Vollkornbrötchen. N Pro Portion 3 g Eiweiß, 13 g Fett, 7 g Kohlenhydrate, 5 g Ballaststoffe, 160 Kalorien.

AVOCADOS sind besonders nahrhafte pflanzliche Lebensmittel, denn sie enthalten mehr Eiweiß und Fett als jedes andere Gemüse und Obst. Außerdem ist die Fettzusammensetzung besonders günstig: Avocados enthalten mehrfach ungesättigte Fettsäuren, die der Körper nicht selbst bilden kann und die den Gesamt-Cholesterinspiegel senken. Reife Avocados geben bei leichtem Fingerdruck etwa so nach wie eine gelbe Banane. Dann ist ihr Fleisch cremig und aromatisch. Harte, noch unreife Avocados können Sie in Zeitungspapier wickeln und bei Zimmertemperatur nachreifen lassen.

CHAMPIGNONSUPPE

FÜR 4 PORTIONEN - FOTO

2 Möhren, 100 g Knollensellerie,
1 dünne Stange Porree, 1 Zwiebel, 200 g Champignons, 1 Eßl. Zitronensaft, 1 Eßl. Öl,
3/4 l Gemüsebrühe (Instant), Salz,
frisch gemahlener weißer Pfeffer, Worcestersoße

Möhren und Sellerie schälen und in dünne Stifte schneiden. Porree putzen, waschen und in feine Streifen schneiden. Zwiebel abziehen und hacken. Champignons waschen, blättrig schneiden und mit dem Zitronensaft vermischen. Öl erhitzen. Möhren, Sellerie, Porree und Zwiebel darin bei mittlerer Hitze unter Rühren zwei Minuten braten. Brühe zugießen, aufkochen und etwa zwei Minuten kochen lassen. Champignons zugeben und noch einmal aufkochen. Suppe mit Salz, Pfeffer und Worcestersoße abschmecken. + Dazu: Vollkornbrötchen oder Baguette. N Pro Portion 3 g Eiweiß, 3 g Fett, 6 g Kohlenhydrate, 5 g Ballaststoffe, 65 Kalorien.

SCHARF GEWÜRZTE REISSUPPE

FÜR 4 PORTIONEN

1 grüne Pfefferschote, 1 Teel. Öl,
1 l Gemüsebrühe (Instant), 75 g Langkornreis,
1 unbehandelte Orange,
1 Stück eingelegter Ingwer,
1/2 Bund Petersilie, Salz

Pfefferschote halbieren, Kerne entfernen, Schotenhälften in feine Streifen schneiden. Im heißen Öl anbraten. Brühe und Reis zugeben, aufkochen und zugedeckt bei kleinster Hitze 15 Minuten garen. Ein großes Stück Orangenschale, Ingwer und Petersilie hacken. Mit ausgepreßtem Orangensaft in die Suppe geben. Suppe mit Salz abschmecken. N Pro Portion 2 g Eiweiß, 1 g Fett, 17 g Kohlenhydrate, 1 g Ballaststoffe, 90 Kalorien.

WEISSKOHLSUPPE MIT KOKOSCREME

FÜR 4 PORTIONEN

700 g Weißkohl, 1 Eßl. Öl,
3/4 l Gemüsebrühe (Instant), 50 g Kokoscreme (Dose oder Block, siehe Kasten),
1 Eßl. Orangensaft, Salz,
1/4 Teel. Sambal oelek (siehe Kasten Seite 96),
1 kleines Bund Petersilie

Weißkohl putzen und in fingerbreite Streifen schneiden. Öl erhitzen, Kohl darin bei mittlerer Hitze unter Rühren anbraten. Brühe zugießen und aufkochen. Suppe zugedeckt bei kleiner Hitze zehn Minuten garen. Kokoscreme untermischen und aufkochen. Mit Orangensaft, Salz und Sambal oelek abschmecken, auf heißen Tellern anrichten und mit gehackter Petersilie bestreuen. N Pro Portion 2 g Eiweiß, 5 g Fett, 15 g Kohlenhydrate, 5 g Ballaststoffe, 110 Kalorien.

KOKOSCREME, ein würziger Extrakt aus geriebenem Kokosnußfleisch und Wasser oder Milch, ist eine gute Alternative, wenn Sie bei Suppen, Soßen, Quiche- und Kuchenbelägen öfter auf cholesterinreiche Schlagsahne oder Crème fraîche verzichten wollen. Bei strenger Cholesterindiät sollten Sie allerdings auch diese Creme nur mäßig verwenden. Denn Kokos gehört zu den wenigen Pflanzen, die – genau wie tierische Lebensmittel – fast nur gesättigte Fettsäuren enthalten. Zu kaufen gibt es Kokoscreme in Asienläden, Feinkostläden und manchen Supermärkten. Sie wird entweder dickflüssig in Dosen oder fest als Block (ähnlich wie Kokosfett) angeboten. Feste Kokoscreme wird bei Wärme weich: Also im Winter kurz auf die Heizung legen, im Sommer reicht Zimmertemperatur.

GEMÜSESUPPE MIT INGWER UND SAFRAN

FÜR 4 PORTIONEN

1 rote Zwiebel, 1 Knoblauchzehe,
1 Stück frische Ingwerwurzel (etwa 2 cm lang),
100 g Knollensellerie, 2 Möhren,
2 Lauchzwiebeln, 2 kleine Zucchini, 1 Eßl. Öl,
1 Teel. Safranfäden, 2 Eßl. Zitronensaft,
abgeriebene Zitronenschale,
3/4 l Gemüsebrühe (Instant), Salz,
1 Prise gemahlener Anis, 1/2 Bund Dill

Abgezogene Zwiebel in Ringe schneiden, Knoblauch fein hacken. Ingwer, Sellerie und Möhren schälen und in dünne Scheiben schneiden. Lauchzwiebeln putzen, waschen und in feine Ringe schneiden. Zucchini putzen, waschen und in Stifte schneiden. Öl erhitzen. Alle zerkleinerten Zutaten und den zerriebenen Safran darin unter ständigem Wenden etwa zwei Minuten rösten. Zitronensaft, Schale und Brühe zugeben, aufkochen und zugedeckt bei kleiner Hitze fünf Minuten garen. Suppe mit Salz und Anis abschmecken und mit grob gehacktem Dill anrichten. + Dazu: Toast. N Pro Portion 3 g Eiweiß, 3 g Fett, 7 g Kohlenhydrate, 4 g Ballaststoffe, 70 Kalorien.

LINSENSUPPE MIT KOKOS

FÜR 2 PORTIONEN

1 kleine Zwiebel, 1 Knoblauchzehe,
1 Eßl. Öl, 75 g braune Linsen,
1/2 l Gemüsebrühe (Instant),
1/4 Teel. gemahlener Koriander,
3 Eßl. Zitronensaft, 50 g Kokoscreme
(Dose oder Block, siehe Kasten Seite 54),
1 Eßl. grüne Pfefferkörner (frisch
oder eingelegt), Salz, einige Blättchen
Koriandergrün oder Petersilie

Abgezogene Zwiebel und Knoblauch fein hacken und im heißen Öl bei kleiner Hitze glasig braten. Linsen, Brühe und Koriander zugeben, aufkochen und zugedeckt etwa 50 Minuten garen, bis die Linsen weich sind. Zitronensaft, Kokoscreme und zerdrückte Pfefferkörner kräftig unterrühren, bis die Suppe leicht schaumig ist. Mit Salz abschmecken, auf heißen Tellern verteilen und mit Koriandergrün oder Petersilie bestreut servieren. N Pro Portion 10 g Eiweiß, 10 g Fett, 38 g Kohlenhydrate, 6 g Ballaststoffe, 290 Kalorien.

Estragon-Oliven mit Knoblauchbrot (Rezept Seite 58)

3/IMBISS

ESTRAGON-OLIVEN MIT KNOBLAUCHBROT

FÜR 8 PORTIONEN - FOTO SEITE 56/57

500 g grüne Oliven mit Stein,
4 Knoblauchzehen,
2 Eßl. getrockneter Estragon,
4 Eßl. Weißweinessig,
100 ccm kalt gepreßtes Olivenöl,
8 Scheiben Weizen- oder Roggenmischbrot,
Salz, frisch gemahlener schwarzer Pfeffer

Oliven mit gehacktem Knoblauch, Estragon, Essig und Öl vermischen und zugedeckt einen Tag ziehen lassen. Backofen auf 250 Grad (Umluft 200 Grad, Gas Stufe 5) vorheizen. Brotscheiben auf den Rost legen und etwa fünf Minuten backen, bis sie braun und knusprig sind. Herausnehmen, mit dem gewürzten Öl der Oliven bestreichen, dann mit Salz und Pfeffer würzen. Heiß zu den Oliven servieren. N Pro Portion 5 g Eiweiß, 22 g Fett, 25 g Kohlenhydrate, 5 g Ballaststoffe, 310 Kalorien.

NUSSBROTE

FÜR 4 PORTIONEN

1 Knoblauchzehe, 1 Tomate,
1 Bund Basilikum, 1 Eßl. Nußkerne,
4 Scheiben Vollkornbrot (je etwa 40 g),
Salz, frisch gemahlener schwarzer Pfeffer

Knoblauch abziehen, Tomate und Basilikum waschen. Alles mit den Nußkernen im Blitzhacker fein zerkleinern. Brotscheiben toasten, mit dem Püree bestreichen, dann mit Salz und Pfeffer würzen. + Dazu: Pilze mit Wein (Rezept Seite 67), Spargelsalat mit Zuckerschoten (Rezept Seite 28) oder Kräutersalat (Rezept Seite 19). N Pro Portion 6 g Eiweiß, 3 g Fett, 30 g Kohlenhydrate, 3 g Ballaststoffe, 160 Kalorien.

GEFÜLLTE TOMATEN

FÜR 4 PORTIONEN

4 Fleischtomaten (etwa 800 g), Salz,
1 Bund Radieschen, 150 g Tofu (siehe Kasten Seite 29), 1 kleine Zwiebel, 1 Knoblauchzehe,
1 Bund Schnittlauch, 1 Bund Basilikum,
50 g Dickmilch, 1 Eßl. Sonnenblumenkerne,
1 Eßl. milder Obstessig, 1 Teel. Öl,
frisch gemahlener weißer Pfeffer

Tomaten waschen, abtrocknen und quer halbieren. Fruchtfleisch mit einem Teelöffel herausholen und hacken. Tomatenhälften innen salzen. Radieschen waschen, trockentupfen und in dünne Scheiben schneiden. Tofu, abgezogene Zwiebel, Knoblauch, Schnittlauch und Basilikum fein zerkleinern. Mit Tomatenfleisch, Dickmilch, Sonnenblumenkernen, Essig und Öl mischen. Mit Salz und Pfeffer würzen und in die Tomaten füllen. ✚ Dazu: Brot oder Kartoffeln. Ⓝ Pro Portion 6 g Eiweiß, 5 g Fett, 9 g Kohlenhydrate, 5 g Ballaststoffe, 110 Kalorien.

GEFÜLLTE AVOCADOS

FÜR 2 PORTIONEN

1 kleine Staude Chicorée, 1 Orange,
50 g Nußkerne, 1 reife Avocado (etwa 400 g; siehe Kasten Seite 51), 100 g Magerjoghurt,
1 Teel. Tomatenketchup, Salz,
frisch gemahlener weißer Pfeffer,
einige Kräuterblättchen

Chicorée waschen, längs halbieren, bitteren Strunk entfernen. Hälften in Streifen schneiden. Geschälte Orange in kleine Stücke schneiden. Nüsse hacken. Avocado halbieren, Kern herauslösen und das Fruchtfleisch mit einem Teelöffel vorsichtig ausstechen, so daß die Schale nicht verletzt wird. Avocadofleisch mit Chicorée, Orange, Nüssen, Joghurt, Tomatenketchup und etwas Salz vermischen. Wieder in die Avocadoschalen füllen und mit reichlich Pfeffer bestreuen. Mit Kräuterblättchen garnieren. ✚ Dazu: Baguette oder Vollkornbrötchen. Ⓝ Pro Portion 9 g Eiweiß, 45 g Fett, 14 g Kohlenhydrate, 8 g Ballaststoffe, 500 Kalorien.

BUCHWEIZEN-NUSS-CREME MIT PILZEN

FÜR 4 PORTIONEN ALS BROTAUFSTRICH

100 g Buchweizenkörner, 1 Teel. Öl,
1 Teel. Instant-Gemüsebrühe,
75 g Champignons, 1 kleine Zwiebel,
1/2 kleines Bund Petersilie,
1 Eßl. Nußkerne, 2-3 Eßl. Zitronensaft,
Cayennepfeffer, Salz

Buchweizen im heißen Öl anrösten. Einen Viertelliter Wasser und Gemüsebrühe zugeben und aufkochen. Zugedeckt bei schwacher Hitze 20 Minuten garen, bis der Buchweizen weich ist. Erkalten lassen. Geputzte Pilze, geschälte Zwiebel, gewaschene Petersilie und Nüsse im Blitzhacker fein zerkleinern. Mit Buchweizen mischen. Brotaufstrich mit Zitronensaft, Cayennepfeffer und Salz abschmecken. N Pro Portion 4 g Eiweiß, 3 g Fett, 19 g Kohlenhydrate, 2 g Ballaststoffe, 120 Kalorien. ! Tip: Gut mitzunehmen. Der Brotaufstrich hält sich gekühlt im verschlossenen Gefäß etwa zwei Tage frisch.

AUBERGINENPÜREE MIT TOMATEN

FÜR 4 PORTIONEN ALS BROTAUFSTRICH

2 Auberginen (etwa 500 g), 2 Knoblauchzehen,
5 Eßl. Olivenöl, 1/2 Zitrone,
2 Tomaten (etwa 200 g),
1 kleines Bund Basilikum, 1 Bund Schnittlauch,
Salz, frisch gemahlener schwarzer Pfeffer

Auberginen schälen und würfeln, abgezogenen Knoblauch fein hacken. Öl erhitzen. Auberginen, Knoblauch und Zitronensaft zugeben. Zugedeckt bei mittlerer bis kleiner Hitze etwa 25 Minuten garen, bis die Auberginen sehr weich sind. Mit dem Schneidestab des Handrührgerätes pürieren oder mit dem Kartoffelstampfer so fein wie möglich zerdrücken. Erkalten lassen. Tomaten waschen und würfeln, Kräuter fein hacken. Alles mit dem Auberginenpüree vermischen. Mit Salz und reichlich Pfeffer abschmecken. N Pro Portion 2 g Eiweiß, 13 g Fett, 7 g Kohlenhydrate, 3 g Ballaststoffe, 150 Kalorien. ! Tip: Gut zum Mitnehmen. Der Brotaufstrich hält sich gekühlt im verschlossenen Gefäß etwa drei Tage frisch.

MARINIERTER BROKKOLI MIT TOMATENBROTEN

FÜR 4 PORTIONEN

2 Pakete Tiefkühl-Brokkoli (600 g), Salz,
1 Eßl. Senf, frisch gemahlener weißer Pfeffer,
2 Eßl. Himbeeressig, 5 Eßl. Öl, 1 Zwiebel,
500 g Tomaten, 1 Bund Thymian, 1 Knoblauchzehe, Cayennepfeffer, 1 Baguette (500 g)

Brokkoli in einem Achtelliter Wasser mit Salz gerade eben bißfest garen. Kochwasser in eine Schüssel gießen, mit Senf, Pfeffer, Essig und drei Eßlöffel Öl verrühren. Zwiebel abziehen und fein hakken. Brokkoli mit Soße und Zwiebel mischen und erkalten lassen. Tomaten waschen, Thymianblättchen abzupfen, Knoblauchzehe abziehen. Alle diese Zutaten im Blitzhacker pürieren. Mit Salz und Cayennepfeffer würzen. Baguette einmal quer und einmal längs halbieren. Schnittflächen mit dem restlichen Öl beträufeln, Brote auf ein Backblech legen und in den vorgeheizten Elektrogrill schieben. In etwa zehn Minuten knusprig werden lassen. Herausnehmen, mit dem Tomatenpüree bestreichen und zum Brokkoli servieren. N Pro Portion 17 g Eiweiß, 15 g Fett, 68 g Kohlenhydrate, 11 g Ballaststoffe, 480 Kalorien. ! Tip: Zum Mitnehmen Brokkoli und Tomatenpüree am Vorabend zubereiten. Zum Essen Püree auf frisches Kastenweißbrot oder Brötchen streichen.

RETTICHMUS MIT NÜSSEN

FÜR 4 PORTIONEN ALS BROTAUFSTRICH

200 g Kartoffeln (festkochende Sorte),
1 weißer Rettich (etwa 500 g), 50 g Nußkerne,
1 Lauchzwiebel, 1/2 Bund Dill,
50 g Magerjoghurt, 1 Teel. Essig,
1 Teel. Öl, Salz, Cayennepfeffer

Kartoffeln in wenig Wasser weich kochen, abgießen, kalt abschrecken und pellen. Rettich schälen. Beide Zutaten auf der Rohkostreibe ganz fein reiben. Nüsse fein hacken. Lauchzwiebel putzen, waschen und sehr fein zerkleinern. Gewaschenen Dill hacken. Kartoffeln, Rettich, Nüsse, Lauchzwiebel, Dill, Joghurt, Essig und Öl vermischen. Den Aufstrich mit Salz und einer kräftigen Prise Cayennepfeffer abschmecken. Paßt am besten zu kräftigem dunklen Brot. N Pro Portion 5 g Eiweiß, 9 g Fett, 11 g Kohlenhydrate, 4 g Ballaststoffe, 150 Kalorien. ! Tip: Gut zum Mitnehmen. Das Rettichmus hält sich gekühlt im verschlossenen Gefäß etwa zwei Tage lang frisch.

MARINIERTE PAPRIKASCHOTEN

FÜR 4 PORTIONEN - FOTO

1 Kopf Weißkohl (etwa 1 kg),
2 gehäufte Eßl. Salz, 1 l Weißweinessig,
4 mittelgroße Paprikaschoten,
1 Eßl. Senfkörner,
1 Eßl. schwarze Pfefferkörner, 4 Lorbeerblätter,
1 Stück Meerrettich (etwa 4 cm lang),
1 grüne Pfefferschote, 125 g Zucker

Weißkohl putzen, vierteln, Strunk herausschneiden. Die Kohlviertel waschen und in feine Streifen hobeln. Mit Salz vermischen und über Nacht zugedeckt an einen kühlen Platz stellen. Ein Sieb mit einem Küchentuch auslegen. Kohl portionsweise hineingeben und mit einem Kochlöffel gut ausdrücken. Flüssigkeit wegschütten. Kohl mit 150 Kubikzentimeter Essig mischen. Von jeder gewaschenen Paprikaschote etwa fingerbreit unterhalb des Stielansatzes einen Deckel abschneiden. Rippen und Kerne entfernen. Schoten mit dem Weißkohl füllen. Mit Senf-, Pfefferkörnern, Lorbeerblättern, Meerrettichscheiben und der ganzen Pfefferschote in ein Gefäß aus Glas, Porzellan oder Steingut schichten. Restlichen Essig mit einem Liter Wasser und Zucker aufkochen und rühren, bis sich der Zucker gelöst hat. Abkühlen lassen und über die Schoten gießen: Die Paprikaschoten müssen von der Flüssigkeit bedeckt sein. Gegebenenfalls noch etwas abgekochtes Wasser nachgießen. Schoten mit einem Teller abdecken und beschweren. Im Kühlschrank mindestens zwei Tage ziehen lassen. N Pro Portion 4 g Eiweiß, 1 g Fett, 44 g Kohlenhydrate, 8 g Ballaststoffe, 200 Kalorien. ! Tip: Grüne, gelbe oder rote Paprikaschoten sind dieselbe Sorte – nur im anderen Reifestadium: Die “reifsten” roten Schoten enthalten am meisten Vitamin C, schmecken leicht süßlich und eignen sich am besten zum Rohessen – beim Garen werden sie zu weich.

Marinierte Paprikaschoten

GEFÜLLTE WEINBLÄTTER

FÜR 6 PORTIONEN

1 kleine Zwiebel, 6 Eßl. Olivenöl, 100 g Langkornreis, 1/4 l Gemüsebrühe (Instant), 1 kleine rote Pfefferschote, 1/2 Bund Dill, 5 schwarze Oliven, 50 g Pistazienkerne, 50 g Rosinen, 30-36 Weinblätter in Salzlake (siehe Kasten), Salz, frisch gemahlener schwarzer Pfeffer, 2 Eßl. Zitronensaft, 1 kleine Zitrone

Abgezogene Zwiebel hacken und in einem Eßlöffel Öl glasig braten. Reis, Brühe und ganze Pfefferschote zugeben. Aufkochen und zugedeckt bei kleiner Hitze 20 Minuten garen, bis der Reis weich ist. Pfefferschote wegwerfen. Dill hacken, Oliven entsteinen und fein zerkleinern. Pistazienkerne in einem Eßlöffel Öl bei kleiner Hitze rösten. Alle diese Zutaten und die Rosinen unter den gegarten Reis mischen. Weinblätter kalt abspülen, auf der Arbeitsfläche ausbreiten und jeweils mit einem gehäuften Teelöffel Reisfüllung belegen. Blätter an den Seiten umschlagen und zu kleinen Päckchen aufrollen. Das restliche Öl und knapp einen Achtelliter Wasser mit Salz, Pfeffer und Zitronensaft aufkochen. Weinblätter nebeneinander hineinlegen und zugedeckt bei kleiner Hitze 20 Minuten ziehen lassen. Im Sud abkühlen lassen und mit Zitronenscheiben anrichten. Dazu: griechisches Fladenbrot. N Pro Portion 3 g Eiweiß, 14 g Fett, 20 g Kohlenhydrate, 2 g Ballaststoffe, 220 Kalorien. ! Tip: Gut zum Mitnehmen. Die gefüllten Weinblätter halten sich zugedeckt im Kühlschrank etwa drei Tage frisch.

WEINBLÄTTER bekommen Sie im Frühling und Sommer frisch im griechischen oder türkischen Laden, manchmal auch auf Märkten. Blanchieren Sie sie vor der Zubereitung einige Minuten in kochendem Salzwasser, bis sie geschmeidig genug zum Rollen, aber noch so stabil sind, daß sie nicht reißen. Das ganze Jahr über gibt es in Salzlake eingelegte Blätter, die man vor der Verarbeitung gründlich kalt abspült.

AVOCADOCREME MIT TOMATE

FÜR 4 PORTIONEN ALS BROTAUFSTRICH

1 Tomate, 1 kleines Bund Basilikum,
2 reife Avocados (siehe Kasten Seite 51),
1 Eßl. Zitronensaft, 100 g Magerjoghurt,
Salz, frisch gemahlener weißer Pfeffer,
1 Eßl. gehackte Petersilie

Tomate klein würfeln, Basilikum fein hacken. Avocados halbieren, Kerne herauslösen, Hälften schälen. In einer Schüssel mit dem Zitronensaft beträufeln und mit einer Gabel fein zerdrücken. Tomate, Basilikum und Joghurt untermischen. Avocadocreme mit Salz und Pfeffer abschmecken, mit Petersilie bestreut anrichten. N Pro Portion 3 g Eiweiß, 24 g Fett, 3 g Kohlenhydrate, 4 g Ballaststoffe, 240 Kalorien. ! Tip: Gut zum Mitnehmen. Die Creme hält sich gekühlt im verschlossenen Gefäß etwa einen Tag. Sie schmeckt auch als Dip zu Rohkost, Pellkartoffeln und gekochten Artischocken.

TOFUCREME MIT GURKEN UND ZWIEBELN

FÜR 4 PORTIONEN ALS BROTAUFSTRICH

250 g Tofu (siehe Kasten Seite 29),
100 ccm fettarme Milch (1,5 %),
1 Zwiebel, 2 Gewürzgurken,
1 Eßl. grüne Pfefferkörner (frisch oder eingelegt), 1 kleines Bund Schnittlauch,
1/2 Teel. Kümmelkörner, Salz, Cayennepfeffer

Tofu mit Milch im Blitzhacker pürieren. Zwiebel abziehen und sehr fein hacken. Gewürzgurken würfeln, Pfefferkörner zerdrücken, Schnittlauch waschen und in feine Röllchen schneiden. Alle diese Zuten mit dem Tofu vermischen. Creme mit Kümmel, Salz und einer kräftigen Prise Cayennepfeffer würzen. N Pro Portion 6 g Eiweiß, 3 g Fett, 5 g Kohlenhydrate, 1 g Ballaststoffe, 75 Kalorien. ! Tip: Gut zum Mitnehmen. Die Tofucreme hält sich gekühlt im verschlossenen Gefäß etwa zwei Tage frisch.

Pilze mit Wein

PILZE MIT WEIN

FÜR 4 PORTIONEN - FOTO

500 g Champignons, 1 Zitrone,
2 Knoblauchzehen, 1 Zweig Rosmarin,
1/8 l Gemüsebrühe (Instant),
100 ccm trockener Weißwein,
2 Eßl. Olivenöl, Salz,
frisch gemahlener schwarzer Pfeffer

Pilze waschen und mit dem Zitronensaft vermischen. Abgezogene Knoblauchzehen und abgezupfte Rosmarinblättchen grob hacken. Brühe mit Wein zum Kochen bringen. Pilze, Knoblauch und Rosmarin darin aufkochen und zugedeckt bei kleiner Hitze fünf Minuten garen. In einer Schüssel mit Öl, Salz und reichlich Pfeffer mischen und erkalten lassen. Zugedeckt bei Zimmertemperatur drei Stunden ziehen lassen. ✚ Dazu: Weißbrot und Tomaten. Ⓝ Pro Portion 4 g Eiweiß, 5 g Fett, 2 g Kohlenhydrate, 2 g Ballaststoffe, 85 Kalorien. ! Tip: Gut zum Mitnehmen. So halten sich die Pilze im Kühlschrank eine Woche: in ein Schraubglas füllen und gerade eben mit Olivenöl bedecken.

ROHKOST MIT GEMÜSEDIP

FÜR 4 PORTIONEN

600 g gemischtes Gemüse wie Zucchini, Kohlrabi, Paprikaschoten, Lauchzwiebeln und Champignons, 1 kleine Fenchelknolle,
1 kleine Möhre, 200 g Magerjoghurt,
100 g Magerquark, 1 Teel. Crème fraîche, Salz,
Sambal oelek (siehe Kasten Seite 96)
oder frisch gemahlener weißer Pfeffer

Gemischtes Gemüse vorbereiten und in fingerdicke Stifte oder Streifen schneiden. Pilze waschen und ganz lassen. Fenchel waschen, Grün abzupfen und fein hacken. Knolle halbieren, Strunk herausschneiden, Hälften fein zerkleinern. Geschälte Möhre grob raspeln. Joghurt, Quark und Crème fraîche verrühren. Fenchelknolle, Fenchelgrün und Möhren untermischen. Mit Salz und Sambal oelek oder Pfeffer würzen. Zum Essen Gemüse in den Dip tunken. Ⓝ Pro Portion 9 g Eiweiß, 1 g Fett, 9 g Kohlenhydrate, 4 g Ballaststoffe, 80 Kalorien. ! Tip: Gut zum Mitnehmen. Den Dip mit Vollkornbrötchen oder Leinsamenbrot essen.

ROHKOSTBROTE MIT GRÜNEM PFEFFER

FÜR 2 PORTIONEN

400 g beliebiges Gemüse wie Tomate, Radieschen, Möhre, Stangensellerie, Paprikaschote und Salatgurke, 1 Gewürzgurke, 1/2 Eßl. grüne Pfefferkörner (frisch oder eingelegt), 1 Bund Schnittlauch, 100 g Magerjoghurt, Salz, 1 Teel. Tomatenketchup, 2 große Scheiben Vollkornbrot (je etwa 60 g), 2 Eßl. Nußmus, 2 große oder 4 kleine Salatblätter, frisch gemahlener schwarzer Pfeffer

Gemüse putzen oder schälen und fein zerkleinern. Gewürzgurke hacken, Pfefferkörner mit einer Gabel zerdrücken. Schnittlauch waschen, trockentupfen und in feine Röllchen schneiden. Alle diese Zutaten mit Joghurt, Salz und Tomatenketchup mischen. Brot mit Nußmus bestreichen, mit den gewaschenen, trockengetupften Salatblättern belegen. Rohkost darauf verteilen und mit Pfeffer aus der Mühle würzen. N Pro Portion 14 g Eiweiß, 14 g Fett, 34 g Kohlenhydrate, 10 g Ballaststoffe, 310 Kalorien.

ROHKOSTBROTE MIT NÜSSEN

FÜR 4 PORTIONEN

4 große Scheiben Vollkornbrot (je etwa 60 g), 4 Portionen "Avocadocreme" (Rezept Seite 65), 50 g Walnußkerne, 50 g Spinat, 100 g Champignons, 2 Eßl. Zitronensaft, 1 Teel. Öl, Salz, frisch gemahlener schwarzer Pfeffer

Brote mit der Avocadocreme bestreichen. Nußkerne grob, gewaschenen Spinat fein hacken. Pilze waschen und in dünne Scheiben schneiden. Alle diese Zutaten mit Zitronensaft und Öl vermischen und auf den Broten verteilen. Mit Salz und Pfeffer aus der Mühle würzen. N Pro Portion 10 g Eiweiß, 34 g Fett, 29 g Kohlenhydrate, 8 g Ballaststoffe, 460 Kalorien.

KICHERERBSENPASTE MIT KRÄUTERN

FÜR 4 PORTIONEN ALS BROTAUFSTRICH

1 Dose Kichererbsen (Füllmenge 400 g),
100 ccm kalte Gemüsebrühe (Instant),
2 Handvoll frische Kräuter, 1 Eßl. grüne Pfefferkörner (frisch oder eingelegt),
1 kleine Zwiebel, 1 Knoblauchzehe,
1 Eßl. Sojasoße, 2-3 Eßl. Zitronensaft, Salz,
1/4 Teel. Sambal oelek (siehe Kasten Seite 96),
1 Eßl. Erdnuß- oder Olivenöl

Abgetropfte Kichererbsen mit Gemüsebrühe, gewaschenen Kräutern, Pfefferkörnern, abgezogener Zwiebel und Knoblauchzehe im Mixer pürieren. Mit Sojasoße, Zitronensaft, Salz, Sambal oelek und Öl abschmecken. N Pro Portion 10 g Eiweiß, 4 g Fett, 25 g Kohlenhydrate, 5 g Ballaststoffe, 180 Kalorien. ! Tip: Gut zum Mitnehmen. Die Paste hält sich gekühlt im verschlossenen Gefäß etwa vier Tage frisch.

OLIVENCREME MIT TOFU

FÜR 4 PORTIONEN

200 g schwarze Oliven, 1 kleine Zwiebel,
1/2 Bund Thymian,
300 g Tofu (siehe Kasten Seite 29),
2 Eßl. Zitronensaft, Salz,
1/2 Teel. Sambal oelek (siehe Kasten Seite 96)

Oliven entsteinen, Zwiebel abziehen, Thymianblättchen abstreifen. Alle diese Zutaten mit dem abgetropften Tofu im Blitzhacker pürieren. Die Creme mit Zitronensaft, einer Prise Salz und Sambal oelek abschmecken. Dazu: Tomaten- und Gurkenscheiben und griechisches Fladenbrot oder Pellkartoffeln. N Pro Portion 6 g Eiweiß, 16 g Fett, 6 g Kohlenhydrate, 0,5 g Ballaststoffe, 200 Kalorien. ! Tip: Gut zum Mitnehmen. Die Creme hält sich gekühlt im verschlossenen Gefäß etwa zwei Tage frisch.

KRÄUTERTOFU MIT SPROSSEN

FÜR 4 PORTIONEN - FOTO

200 g Tofu (siehe Kasten Seite 29),
1 Zweig Rosmarin, 1 Bund Thymian,
1 kleine unbehandelte Zitrone, 2
Knoblauchzehen, 3 Schalotten, 6 Eßl. Olivenöl,
200 g Sprossen (siehe Kasten), 1/2 Eichblattsalat,
3 Eßl. Aceto balsamico (Balsamessig),
Salz, frisch gemahlener weißer Pfeffer

Tofu in Scheiben schneiden. Abgezupfte Rosmarinblättchen, Thymian, ein großes Stück Zitronenschale, abgezogenen Knoblauch und Schalotten fein hacken. Alles mit ausgepreßtem Zitronensaft und drei Eßlöffel Olivenöl mischen. Tofuscheiben damit bestreichen und zugedeckt im Kühlschrank mindestens zwei Stunden ziehen lassen. Sprossen in reichlich sprudelnd kochendem Wasser etwa eine Minute kochen. Abgießen und abtropfen lassen. Salatblätter waschen, trockentupfen und auf Tellern verteilen. Sprossen und Tofu daneben anrichten. Aceto balsamico mit Salz, Pfeffer und restlichem Öl verrühren und über Sprossen und Salat geben.

+ Dazu: Baguette oder Vollkornbrötchen.

N Pro Portion 6 g Eiweiß, 17 g Fett, 3 g Kohlenhydrate, 1 g Ballaststoffe, 200 Kalorien.

! Tip: Gut zum Mitnehmen. Zum Tofu passen statt Sprossen und Salat auch Gurken, Tomaten und Radieschen.

FRISCHE SPROSSEN wirken sich auf den Cholesterinspiegel genauso günstig aus wie frisches Gemüse und Obst, denn auch sie enthalten eine ganze Menge Ballaststoffe. Speziell Sojasprossen sind reich an Calcium und deshalb eine gute Alternative zu cholesterinhaltigen Milchprodukten. Samen und die Anleitung zum Selberziehen bekommen Sie in Grünen Läden und Reformhäusern. Dort oder in Supermärkten gibt es aber auch gekeimte Sprossen zu kaufen. Nehmen Sie entweder offene Ware oder - falls in Folienbeuteln verpackt - nur geschlossene (nicht aufgeblähte!) Beutel aus der Kühltheke. Vor der Zubereitung die Sprossen gründlich waschen und etwa eine Minute in Wasser sprudelnd kochen. Sie sind dann zwar nicht mehr so vitaminreich, dafür aber besonders gut verdaulich.

Kräutertofu mit Sprossen

CHAMPIGNONSPIESSE

FÜR 2 PORTIONEN - FOTO

200 g kleine braune Champignons,
1 Handvoll Salbeiblättchen, 2 Zwiebeln,
3 Zweige frischer Thymian, 1/8 l Sherry medium dry (ersatzweise Tomatensaft),
2 Eßl. Olivenöl, 1/2 unbehandelte Zitrone,
Salz, frisch gemahlener weißer Pfeffer

Pilze waschen. Abwechselnd mit Salbeiblättchen auf vier Holzspieße stecken. Zwiebeln abziehen und in Ringe schneiden. Mit abgezupften Thymianblättchen und Champignonspießen in eine Schüssel geben, Sherry darübergießen. Zugedeckt mindestens zwei Stunden ziehen lassen, einige Male wenden. Champignonspieße herausnehmen, trockentupfen und im heißen Öl bei mittlerer Hitze rundherum braun anbraten. Zwiebeln und Marinade, etwas abgeriebene Zitronenschale und ausgepreßten Saft zugeben. Zugedeckt etwa drei Minuten schmoren. Mit Salz und Pfeffer abschmecken. ✚ Dazu: Baguette oder Reis. Ⓝ Pro Portion 4 g Eiweiß, 11 g Fett, 15 g Kohlenhydrate, 4 g Ballaststoffe, 230 Kalorien. ❗ Tip: Gut zum Mitnehmen, denn die Pilze schmecken auch kalt.

GURKENBROTE

FÜR 2 PORTIONEN

2 große Scheiben Roggen- oder Weizenmischbrot (je etwa 60 g), 50 g Magerquark,
Salz, frisch gemahlener weißer Pfeffer,
2 große oder 4 kleine Salatblätter,
200 g Salatgurke, 1/2 Bund Dill,
1 Lauchzwiebel, 50 g Magerjoghurt,
1/2 Eßl. gehackte Pistazienkerne

Brote mit dem Quark bestreichen, mit Salz und reichlich Pfeffer bestreuen. Salatblätter auf die Brote legen. Salatgurke schälen und raspeln, Dill und geputze Lauchzwiebel fein hacken. Gurke, Dill, Lauchzwiebel, Joghurt und Pistazien vermischen, mit Salz und Pfeffer würzen und auf den Salatblättern verteilen. Ⓝ Pro Portion 10 g Eiweiß, 3 g Fett, 30 g Kohlenhydrate, 5 g Ballaststoffe, 180 Kalorien.

Champignonspieße

ZUCCHINI-PILZ-CARPACCIO

FÜR 2 PORTIONEN

2 kleine Zucchini, 100 g Champignons,
1/2 unbehandelte Zitrone, 1 Schalotte,
2 Eßl. Gemüsebrühe (Instant), Salz,
frisch gemahlener weißer Pfeffer, 3 Eßl. Öl,
1/2 Kästchen Gartenkresse

Zucchini waschen, putzen und in dünne Scheiben hobeln. Pilze waschen, ebenfalls in dünne Scheiben schneiden. Beide Zutaten kreisförmig auf zwei Tellern anrichten und mit Zitronensaft beträufeln. Etwas abgeriebene Zitronenschale mit fein gehackter Schalotte, Brühe, Salz, Pfeffer und Öl verrühren und über das Carpaccio geben. Mit Kresse garnieren. ⊕ Dazu: Vollkornbrötchen oder Baguette. Ⓝ Pro Portion 4 g Eiweiß, 16 g Fett, 4 g Kohlenhydrate, 3 g Ballaststoffe, 170 Kalorien. ❗ Tip: Zum Mitnehmen alles wie einen Salat mischen.

EINGELEGTE LAUCHZWIEBELN

FÜR 4 PORTIONEN

750 g Lauchzwiebeln, 6 Eßl. Olivenöl,
1 unbehandelte Zitrone, 2 Knoblauchzehen,
Salz, frisch gemahlener schwarzer Pfeffer,
1 Bund Basilikum,
1 Eßl. gehackte Walnußkerne

Lauchzwiebeln waschen, putzen und der Länge nach halbieren. Portionsweise im heißen Öl auf beiden Seiten bei kleiner Hitze in etwa drei Minuten weich braten. In eine tiefe Platte legen. Reichlich Zitronenschale abreiben und über die Zwiebeln geben. Zitronensaft auspressen, Knoblauch abziehen und hacken. Beide Zutaten mit drei Eßlöffel Wasser in das Bratöl geben. Bratfond unter Rühren ablösen und über den Zwiebeln verteilen. Mit Salz und Pfeffer bestreuen und zugedeckt mindestens zwei Stunden ziehen lassen. Unmittelbar vor dem Servieren abgezupfte Basilikumblättchen und Walnußkerne darübergeben. ⊕ Dazu: Weißbrot oder Pellkartoffeln. Ⓝ Pro Portion 3 g Eiweiß, 17 g Fett, 6 g Kohlenhydrate, 3 g Ballaststoffe, 190 Kalorien. ❗ Tip: Gut zum Mitnehmen; Knoblauch eventuell weglassen.

KNOBLAUCHSPINAT

FÜR 2 PORTIONEN

500 g Spinat, 2-3 Knoblauchzehen,
3 Eßl. Olivenöl, Salz,
frisch gemahlener weißer Pfeffer

Spinat verlesen und waschen. Knoblauch abziehen und in Scheiben schneiden. Öl, tropfnassen Spinat und Knoblauch in einen Topf geben. Zugedeckt erhitzen und bei großer Hitze etwa fünf Minuten schmoren, bis der Spinat zusammengefallen und intensiv grün ist. Topf dabei immer wieder kräftig rütteln, damit der Spinat gleichmäßig gart. Mit Salz und Pfeffer bestreut anrichten. + Dazu: Weißbrot oder Pellkartoffeln. N Pro Portion 5 g Eiweiß, 16 g Fett, 3 g Kohlenhydrate, 5 g Ballaststoffe, 170 Kalorien.

CHICORÉE-SCHIFFCHEN

FÜR 4 PORTIONEN

4 Stauden Chicorée, 2 Orangen,
200 g Ananas (frisch oder aus der Dose),
2 Stangen Sellerie, 1 Bund Dill, 50 g Nußkerne,
100 g Magerjoghurt, 1 Teel. Crème fraîche,
frisch gemahlener weißer Pfeffer

Chicorée waschen und trockenschwenken. Zwölf große Blätter ablösen. Stauden halbieren, Strunk herausschneiden, Hälften in knapp fingerbreite Streifen schneiden. Geschälte Orangen, Ananas und Sellerie in Stücke schneiden. Dill und Nüsse hacken. Alle diese zerkleinerten Zutaten mit Joghurt und Crème fraîche vermischen und mit Pfeffer würzen. In die Chicoréeblätter füllen. + Dazu: Toast. N Pro Portion 5 g Eiweiß, 8 g Fett, 11 g Kohlenhydrate, 6 g Ballaststoffe, 170 Kalorien. ! Tip: Zum Mitnehmen Chicorée klein schneiden und mit den anderen Zutaten wie einen Salat mischen.

3/HAUPTGERICHTE

Vollkornspaghetti mit Auberginen (Rezept Seite 78)

VOLLKORNSPAGHETTI MIT AUBERGINEN

FÜR 4 PORTIONEN - FOTO SEITE 76/77

2 Auberginen (etwa 400 g), 6 Eßl. Öl,
1 Bund Lauchzwiebeln, 2 Knoblauchzehen,
600 g Tomaten, 1 Eßl. Olivenöl, Salz,
frisch gemahlener weißer Pfeffer,
1 Prise Zucker, 1 Bund Basilikum,
400 g Vollkornspaghetti (ohne Ei),
1 Eßl. frisch geriebener Parmesankäse

Auberginen waschen, abtrocknen und in Scheiben schneiden. Öl erhitzen. Auberginen zugedeckt darin bei kleiner Hitze in etwa 20 Minuten weich braten. Dann bei mittlerer Hitze unter Wenden bräunen. Während die Auberginen braten, Lauchzwiebeln putzen, waschen und in feine Ringe schneiden. Knoblauch abziehen und hacken. Tomaten abziehen und achteln. Olivenöl erhitzen. Lauchzwiebeln und Knoblauch darin bei kleiner Hitze anbraten. Tomaten zugeben und bei mittlerer bis großer Hitze unter Rühren schmoren, bis die Flüssigkeit, die sich bildet, zum größten Teil wieder verdampft ist. Mit Salz, Pfeffer und Zucker würzen. Basilikum fein hacken und daruntermischen. Spaghetti in reichlich Salzwasser bißfest garen, abgießen und gut abgetropft mit der Tomatensoße mischen. In eine große Schüssel füllen. Auberginen auf den Nudeln anrichten und mit dem Parmesan bestreuen. + Dazu: Salat. N Pro Portion 20 g Eiweiß, 22 g Fett, 75 g Kohlenhydrate, 13 g Ballaststoffe, 570 Kalorien.

AUSTERNPILZE MIT ZUCKERSCHOTEN

FÜR 2 PORTIONEN

300 g Austernpilze, 300 g Zuckerschoten,
1 Knoblauchzehe, 2 Eßl. Öl,
4 Eßl. Gemüsebrühe (Instant),
Salz, frisch gemahlener weißer Pfeffer

Pilzhüte vom Strunk abschneiden und in Streifen schneiden. Strunk würfeln. Zuckerschoten waschen und putzen. Abgezogenen Knoblauch hacken. Öl erhitzen. Pilze und Zuckerschoten darin bei großer Hitze unter Rühren etwa eine Minute anbraten. Knoblauch und Brühe zugeben, Pilze und Zuckerschoten zugedeckt in etwa zwei Minuten gerade eben bißfest garen. Mit Salz und Pfeffer würzen. + Dazu: Reis, Nudeln oder Brot und Salat. N Pro Portion 9 g Eiweiß, 11 g Fett, 13 g Kohlenhydrate, 9 g Ballaststoffe, 210 Kalorien.

POLENTASCHNITTEN MIT GEMÜSESALAT

FÜR 4 PORTIONEN

150 g Polenta (Maisgrieß), Salz,
1/2 Bund Petersilie, 6 Eßl. Öl,
500 g grüne und rote Paprikaschoten (siehe Kasten Seite 62), 1/2 Salatgurke,
1 große Tomate, 1 Bund Radieschen,
1/2 Bund Lauchzwiebeln, 1 Bund Basilikum,
1 Teel. scharfer Senf, 3 Eßl. Rotweinessig,
1 Prise Zucker, Cayennepfeffer,
50 g Sonnenblumenkerne

Dreiviertelliter Wasser aufkochen. Von der Kochstelle nehmen, Polenta und eine kräftige Prise Salz einrühren. Maisbrei zugedeckt bei kleiner Hitze 45 Minuten ausquellen lassen, bis er sich vom Topfboden löst. Zwischendurch immer wieder umrühren. Petersilie waschen, trockentupfen, fein hacken und unter den Brei mischen. Eine Kuchenplatte (etwa 30 mal 12 Zentimeter) mit etwas Öl einfetten. Maisbrei darauf glattstreichen und mindestens eine Stunde oder über Nacht trocknen lassen, bis sich die Polenta in Stücke schneiden läßt. Polenta in etwa sechs Zentimeter große Quadrate schneiden und in zwei Eßlöffel heißem Öl bei mittlerer Hitze pro Seite etwa vier Minuten braten. Für den Salat Paprikaschoten putzen, waschen und in Streifen schneiden. Geschälte Salatgurke und gewaschene Tomate würfeln. Radieschen waschen und in Scheiben schneiden. Lauchzwiebeln putzen, waschen und in feine Ringe schneiden. Basilikum grob hacken. Alle diese Zutaten in eine Schüssel geben. Für die Soße Senf, Essig, Salz, Zucker, Cayennepfeffer und das restliche Öl verrühren. Mit den Salatzutaten mischen. Sonnenblumenkerne darüberstreuen. N Pro Portion 9 g Eiweiß, 22 g Fett, 35 g Kohlenhydrate, 5 g Ballaststoffe, 385 Kalorien.

REISROLLEN MIT GEMÜSE

FÜR 4 PORTIONEN - FOTO

400 g Möhren, 1 Kohlrabi, 400 g Zucchini, 150 g Shiitake-Pilze (ersatzweise Austernpilze), 1 Zwiebel, 2 Eßl. Öl, Salz, frisch gemahlener weißer Pfeffer, 1/2 Zitrone, 4 Eßl. Sojasoße, 16 Reisblätter von 20 cm Durchmesser (siehe Kasten), eventuell 1/2 Bund Schnittlauch, Tomatenketchup oder Hoisinsoße (Asienladen) zum Eintunken

Möhren und Kohlrabi schälen, Zucchini waschen. Gemüse in sehr dünne Stifte schneiden. Pilze je nach Größe halbieren oder vierteln. Zwiebel abziehen, hacken und im heißen Öl bei kleiner Hitze glasig braten. Pilze zugeben und etwa zwei Minuten mitbraten. Gemüsestifte zufügen und einige Sekunden in der Pfanne schwenken. Mit Salz, Pfeffer, Zitronensaft und Sojasoße abschmecken. Abkühlen lassen. Eine Schüssel mit kaltem Wasser füllen; sie muß so groß sein, daß die Reispapierblätter flach darin liegen können. Ein Reispapierblatt mit den Fingerspitzen so in das Wasser tunken, daß es davon bedeckt ist und einweichen, bis es leicht glibberig ist. Herausnehmen und auf einem Küchentuch ausbreiten. Eine Portion Füllung als etwa fingerlangen Streifen in die Mitte geben. Reispapier zuerst jeweils an den beiden Schmalseiten des Streifens nach innen schlagen. Nun eine Längsseite ebenfalls einschlagen und das Reisblatt vorsichtig aufrollen. Nach Wunsch mit Schnittlauchhalmen umbinden. Zum Essen die Rollen in Ketchup oder Hoisinsoße tunken und abbeißen. **N** Pro Portion 6 g Eiweiß, 6 g Fett, 24 g Kohlenhydrate, 6 g Ballaststoffe, 180 Kalorien. **!** Tip: Zum Mitnehmen am Vorabend zubereiten und mit einem feuchten Küchentuch bedeckt im Kühlschrank aufbewahren.

REISBLÄTTER gibt es in Asienläden zu kaufen. Sie sind hauchdünn, bestehen aus Reismehl, Wasser und Salz und können – genau wie andere Teigblätter – Hülle für alle möglichen Lebensmittel sein. Reisblätter schmecken kalt oder heiß: Man kann sie zum Beispiel mit Sprossen, Gemüse, Tofu, Fisch oder Fleisch füllen und in Öl braten. Zum Rollen sollten Sie die Blätter immer in reichlich Wasser einweichen. Nur Besprühen mit einem Wäschesprenger, wie oft empfohlen wird, funktioniert nicht unbedingt: länger gelagerte Blätter brechen dabei womöglich.

Reisrollen mit Gemüse

PELLKARTOFFELN MIT GEMÜSE

FÜR 2 PORTIONEN

500 g kleine Kartoffeln, 300 g Stangensellerie, 300 g Tomaten, 1 Zwiebel, 1-2 Knoblauchzehen, 2 Eßl. Öl, 50 ccm Gemüsebrühe (Instant), 1/8 l Sojamilch (siehe Kasten Seite 47), Salz, frisch gemahlener schwarzer Pfeffer, 1 Handvoll Kerbel (ersatzweise Petersilie)

Kartoffeln waschen und mit der Schale in wenig Wasser weich kochen. Inzwischen Selleriestangen putzen, waschen und in kleine Stücke schneiden. Tomaten, Zwiebel und Knoblauch abziehen. Tomaten würfeln. Zwiebel und Knoblauch fein hacken und im heißen Öl bei kleiner Hitze unter Rühren glasig braten. Sellerie, Tomaten, Brühe und Sojamilch zugeben, aufkochen und zugedeckt bei kleiner Hitze etwa fünf Minuten garen, bis der Sellerie gerade eben weich ist. Mit Salz und Pfeffer würzen. Kartoffeln abgießen, etwas ausdämpfen lassen und auf heißen Tellern anrichten. Gemüse über den Kartoffeln verteilen, Kerbelblättchen darüberstreuen. ✚ Dazu: gemischter Salat. Ⓝ Pro Portion 11 g Eiweiß, 12 g Fett, 49 g Kohlenhydrate, 16 g Ballaststoffe, 360 Kalorien.

REIS MIT KICHERERBSEN UND GEMÜSE

FÜR 4 PORTIONEN

200 g Natur-Langkornreis, 1 Teel. Instant-Gemüsebrühe, 1 rote Zwiebel, 250 g Tomaten, 1 Zucchino, 1 grüne Paprikaschote, 2 Eßl. Öl, 1 Dose Kichererbsen (Füllmenge 400 g), Salz, 1/2 Teel. Sambal oelek (siehe Kasten Seite 96), 1/2 Bund Petersilie

Reis mit 400 Kubikzentimeter Wasser und Brühe aufkochen und zugedeckt bei schwacher Hitze 40 Minuten garen. Inzwischen Zwiebel abziehen, halbieren und in dünne Scheiben schneiden. Abgezogene Tomaten und gewaschenen Zucchino würfeln. Paprikaschote waschen, putzen und in Streifen schneiden. Öl erhitzen. Gemüse und abgetropfte Kichererbsen darin bei großer bis mittlerer Hitze unter ständigem Wenden etwa fünf Minuten schmoren. Mit dem Reis vermischen, mit Salz und Sambal oelek scharf abschmecken. Mit gehackter Petersilie bestreut servieren. ✚ Dazu: gemischter Salat. Ⓝ Pro Portion 16 g Eiweiß, 8 g Fett, 57 g Kohlenhydrate, 8 g Ballaststoffe, 260 Kalorien.

GEFÜLLTE HEFEKLÖSSE

FÜR 4 PORTIONEN

500 g Mehl, 1 Päckchen Trockenhefe, Salz, Cayennepfeffer, abgeriebene Zitronenschale, 1/4 l Sojamilch (siehe Kasten Seite 47), 3 Eßl. Öl, 1 große Zwiebel, 1 Knoblauchzehe, 1 Bund Petersilie, 200 g Austernpilze, Mehl zum Formen

Mehl mit Hefe, 1 Teelöffel Salz, Cayennepfeffer und abgeriebener Zitronenschale vermischen. Lauwarme Sojamilch und einen Eßlöffel Öl zugeben. Mit den Knethaken des Handrührgerätes fünf Minuten durchrühren. Teig zugedeckt bei Zimmertemperatur etwa 45 Minuten gehen lassen, bis sich sein Volumen verdoppelt hat. Inzwischen Zwiebel und Knoblauch abziehen und hacken. Petersilie sehr fein zerkleinern. Pilzhüte in feine Streifen schneiden, Strünke klein würfeln. Restliches Öl erhitzen. Zwiebel, Knoblauch und zerkleinerte Pilze darin bei großer Hitze etwa eine Minute braten. Petersilie untermischen, Pilze mit Salz und Cayennepfeffer würzen und erkalten lassen. Teig mit bemehlten Händen in zwölf Portionen teilen. Jede Portion auf Mehl flach drücken. Einen Eßlöffel Füllung in die Mitte geben und den Teig darüber zu einem Kloß formen. Klöße auf der bemehlten Arbeitsfläche weitere 15 Minuten gehen lassen. In einem großen Topf reichlich Wasser mit Salz zum Kochen bringen. Klöße darin einmal aufkochen und zugedeckt bei mittlerer bis kleiner Hitze 20 bis 25 Minuten sanft kochen lassen. ✚ Dazu: Gemischter Salat oder Sauerkraut. Ⓝ Pro Portion 17 g Eiweiß, 10 g Fett, 97 g Kohlenhydrate, 2 g Ballaststoffe, 570 Kalorien.

Nudeln mit Zucchini und Pilzen

GRÜNKERNKLÖSSE MIT TOMATENGEMÜSE

FÜR 4 PORTIONEN

200 g Grünkernschrot, 1 Teel. Instant-Gemüsebrühe, 2 Eiweiß, 2 Zwiebeln, 1 Bund Petersilie, 40 g Mehl, 30 g vollfettes Sojamehl (siehe Kasten Seite 144), Salz, 1 kg Tomaten, 1 Bund Majoran (ersatzweise Petersilie), 2 Eßl. Öl, 1 Dose Mais (Füllmenge 425 g), 1 Prise Zucker, frisch gemahlener schwarzer Pfeffer

Grünkernschrot mit 350 Kubikzentimeter Wasser und Brühe aufkochen und zugedeckt bei kleinster Hitze 30 Minuten garen. Lauwarm mit Eiweiß, einer gehackten Zwiebel, fein zerkleinerter Petersilie, Mehl, Sojamehl und Salz mischen. Mit angefeuchteten Händen acht Klöße formen. In reichlich kochendem Salzwasser einmal aufkochen und bei kleinster Hitze in etwa 15 Minuten ohne Deckel gar ziehen, aber nicht kochen. Inzwischen Tomaten häuten und würfeln. Majoran fein hacken. Restliche Zwiebel abziehen und hacken und im heißen Öl glasig braten. Tomaten, Majoran und abgetropften Mais zugeben. Bei mittlerer Hitze unter Rühren etwa fünf Minuten schmoren. Mit Salz, Zucker und Pfeffer abschmecken und zu den abgetropften Klößen servieren. ✚ Dazu: Salat. Ⓝ Pro Portion 18 g Eiweiß, 10 g Fett, 58 g Kohlenhydrate, 12 g Ballast-stoffe, 480 Kalorien.

NUDELN MIT ZUCCHINI UND PILZEN

FÜR 4 PORTIONEN - FOTO

200 g Zucchini, 200 g Champignons, 2 Lauchzwiebeln, 4 Knoblauchzehen, 1 Zweig Rosmarin, 6 Eßl. Olivenöl, Salz, frisch gemahlener weißer Pfeffer, 400 g breite Nudeln (ohne Ei)

Zucchini, Pilze und Lauchzwiebeln waschen und putzen. Knoblauch abziehen. Alle diese Zutaten in feine Scheiben schneiden. Rosmarin waschen, Blättchen abzupfen. Öl erhitzen. Gemüse, Knoblauch und Rosmarin darin bei mittlerer bis kleiner Hitze unter ständigem Rühren etwa vier Minuten braten. Mit Salz und Pfeffer würzen. Nudeln in reichlich Salzwasser bißfest garen und gut abgetropft mit dem Gemüse mischen. Ⓝ Pro Portion 16 g Eiweiß, 18 g Fett, 71 g Kohlenhydrate, 5 g Ballaststoffe, 500 Kalorien.

KARTOFFELN UND ROTE BETE

FÜR 2 PORTIONEN

1 Zwiebel, 500 g Kartoffeln (festkochende Sorte), 300 g rote Bete, 2 Eßl. Öl, 1/8 l Gemüsebrühe (Instant), 100 g kleine feste Champignons, 1 Gewürzgurke, Salz, 1/4 Teel. Sambal oelek (siehe Kasten Seite 96), 1 Kästchen Gartenkresse, 100 g Magerjoghurt

Zwiebel abziehen und hacken. Kartoffeln und rote Bete schälen und klein würfeln. Öl erhitzen. Zwiebel darin bei kleiner Hitze glasig braten. Kartoffeln, rote Bete und Brühe zugeben, aufkochen und zugedeckt bei kleiner Hitze etwa fünf Minuten garen. Inzwischen Pilze waschen, Gewürzgurke würfeln. Beide Zutaten zu den Kartoffeln geben, aufkochen und zugedeckt weitere fünf Minuten garen. Mit Salz und Sambal oelek abschmecken. Abgeschnittene Kresse mit Joghurt vermischen und zum Gemüse servieren. N Pro Portion 12 g Eiweiß, 11 g Fett, 57 g Kohlenhydrate, 12 g Ballaststoffe, 380 Kalorien.

BULGURPUFFER MIT KOHLSALAT

FÜR 4 PORTIONEN

1 Zwiebel, 4 Eßl. Öl, 250 g Bulgur (siehe Kasten Seite 21), Salz, Cayennepfeffer, 50 g Mehl, 2 Eiweiß, Fett für das Blech, 1 kleiner Kopf Weißkohl (etwa 600 g), 300 g Möhren, 1 Bund Petersilie, 1/8 l Gemüsebrühe (Instant), 2 Eßl. Essig, 1 Teel. Kümmelkörner, 1 Teel. scharfer Senf, frisch gemahlener weißer Pfeffer

Zwiebel abziehen, fein hacken und in einem Teelöffel Öl glasig braten. Bulgur, einen halben Liter Wasser, Salz und Cayennepfeffer zugeben, aufkochen und zugedeckt bei kleiner Hitze fünf Minuten garen. Topf von der Kochstelle nehmen, Bulgur 15 Minuten quellen und dabei lauwarm abkühlen lassen. Mehl und Eiweiß untermischen. Mit angefeuchteten Händen zwölf flache Puffer formen und auf ein gefettetes Backblech legen. Blech in den kalten Backofen (mittlere Schiene) schieben. Ofen auf 200 Grad (Umluft 180 Grad, Gas Stufe 3) schalten. Puffer 30 Minuten backen, dabei einmal wenden. Inzwischen Weißkohl putzen, vierteln, waschen und hobeln. Möhren schälen und grob raspeln. Petersilie fein hacken. Alle diese Zutaten mischen. Für die Salatsoße Gemüsebrühe mit Essig, Kümmel, Senf, Pfeffer und dem restlichen Öl verrühren, über den Salat gießen und mischen. + Dazu: Kressejoghurt (oben beim Rezept Kartoffeln und rote Bete). N Pro Portion 13 g Eiweiß, 11 g Fett, 62 g Kohlenhydrate, 10 g Ballaststoffe, 400 Kalorien.

VEGETARISCHER PILAW

FÜR 4 PORTIONEN

6 Trockenpflaumen, 1 große Zwiebel,
2 Knoblauchzehen, 5 Eßl. Sonnenblumenöl,
350 g Natur-Langkornreis,
3/4 l Gemüsebrühe (Instant), Salz,
1 rote Pfefferschote, 1 Teel. Safranfäden,
1 Paket Tiefkühl-Erbsen (300 g),
100 g Wurzelspinat, 50 g Pinien- oder
Erdnußkerne, 1/2 Zitrone

Pflaumen in einem Achtelliter Wasser zugedeckt einweichen, bis der Pilaw fast gar ist. Zwiebel und Knoblauch abziehen und hacken. Drei Eßlöffel Öl erhitzen. Zwiebel, Knoblauch und Reis darin bei mittlerer Hitze unter Rühren anbraten. Brühe, Salz, ganze Pfefferschote und zerriebenen Safran zugeben, einmal aufkochen und den Topf zugedeckt in den kalten Backofen (untere Schiene) stellen. Ofen auf 180 Grad (Umluft 160 Grad, Gas Stufe 2) schalten. Pilaw 30 Minuten garen. Erbsen untermischen und alles weitere 15 Minuten garen, bis der Reis körnig weich und die Erbsen gar sind. Spinat verlesen, waschen und trockenschwenken. Das restliche Öl in einer großen Pfanne erhitzen. Pinien- oder Erdnußkerne unter Rühren darin bei mittlerer Hitze goldgelb rösten, wieder herausnehmen und auf einem Teller beiseite stellen. Spinat, Zitronensaft und Pflaumen mit dem Einweichwasser in die Pfanne geben und unter Rühren erhitzen, bis die Pflaumen heiß sind. Unter den Pilaw mischen. Pilaw mit den Pinien- oder Erdnußkernen bestreut servieren. N Pro Portion 14 g Eiweiß, 21 g Fett, 67 g Kohlenhydrate, 7 g Ballaststoffe, 360 Kalorien.

PILAWS stammen aus der orientalischen Küche. Grundzutat ist immer Reis, der mit Gemüse, Fisch, Fleisch oder Geflügel gekocht wird. Dazu kommen Gewürze, meist auch Trockenobst und Nüsse oder Mandeln. Die cholesterinfreie vegetarische Variante im Rezept oben versorgt Sie mit reichlich ungesättigten Fettsäuren, aber insgesamt mit weniger Fett und mehr Ballaststoffen als normaler Pilaw.

AUBERGINENPÄCKCHEN

FÜR 4 PORTIONEN - FOTO

3 Auberginen (etwa 800 g),
100 g schwarze Oliven, 1 kleine Zwiebel,
1 Knoblauchzehe, 1 Bund Basilikum,
50 g Walnußkerne, Salz,
frisch gemahlener weißer Pfeffer,
1 Paket passierte Tomaten (500 g),
1 Teel. getrockneter Thymian,
1 Prise Zucker, 2 Eßl. Olivenöl,
Sambal oelek (siehe Kasten Seite 96)

Auberginen waschen und der Länge nach in fünf Millimeter dicke Scheiben schneiden. Acht lange Scheiben zum Füllen beiseite legen, den Rest fein hacken. Oliven entsteinen, Zwiebel und Knoblauch abziehen, Basilikum waschen, einige Blättchen abzupfen und für die Garnierung beiseite legen. Restliches Basilikum, Oliven, Zwiebel, Knoblauch und Nüsse im Blitzhacker fein zerkleinern und mit dem gehackten Auberginenfleisch kräftig mischen. Mit Salz und Pfeffer abschmecken. Jeweils zwei Auberginenscheiben kreuzweise übereinander legen. Füllung in die Mitte setzen. Auberginen über der Füllung zusammenklappen und mit Küchengarn wie Päckchen verschnüren. Päckchen in einen Siebeinsatz legen und in einem verschlossenen Topf über sprudelnd kochendem Wasser zehn Minuten dämpfen. Für die Soße Tomaten mit Thymian, Salz, Zucker, Öl und Sambal oelek nach Geschmack aufkochen und unter Rühren etwa eine Minute kochen lassen. Soße in tiefe Teller gießen. Auberginenpäckchen darauf anrichten und mit Pfeffer aus der Mühle bestreuen. Basilikumblättchen in Streifen schneiden und darüberstreuen. ⊕ Dazu: Reis oder Baguette und Salat. Ⓝ Pro Portion 6 g Eiweiß, 19 g Fett, 15 g Kohlenhydrate, 6 g Ballaststoffe, 260 Kalorien.

Auberginenpäckchen

NUDELN MIT KNOBLAUCH UND KRÄUTERN

FÜR 3 PORTIONEN

2 Knoblauchzehen, 1 Bund Petersilie, 3 Zweige frischer Rosmarin, 50 g Pinienkerne, 1/2 unbehandelte Zitrone, 3 Eßl. Öl, 250 g breite Nudeln (ohne Ei), Salz, Cayennepfeffer, Muskat

Für die Soße Knoblauch abziehen, Petersilie grob zerkleinern, Rosmarinblättchen abzupfen. Diese Zutaten mit Pinienkernen, der dünn abgeschnittenen Zitronenschale und Zitronensaft im Blitzhacker zerkleinern. Öl untermischen. Nudeln in reichlich Salzwasser bißfest garen. Drei bis vier Eßlöffel Kochwasser unter die Soße rühren. Nudeln abgießen und abgetropft mit der Soße vermischen. Mit Cayennepfeffer und Muskat würzen. N Pro Portion 14 g Eiweiß, 23 g Fett, 61 g Kohlenhydrate, 3 g Ballaststoffe, 550 Kalorien.

NUDELN MIT GEMÜSE

FÜR 4 PORTIONEN

300 g Zucchini, 300 g Möhren, 200 g Lauchzwiebeln, 2 Knoblauchzehen, 400 g Tomaten, 400 g Paprikaschoten, 2 Zweige frischer Thymian, frisch gemahlener weißer Pfeffer, 3 Eßl. Olivenöl, 250 g Hörnchennudeln (ohne Ei), Salz, 1 Eßl. Schlagsahne, 1 großes Bund Basilikum

Zucchini waschen, putzen und in Scheiben schneiden. Möhren schälen und würfeln. Lauchzwiebeln putzen, waschen und in kleine Stücke schneiden. Abgezogene Knoblauchzehen hacken. Tomaten abziehen und würfeln. Paprikaschoten putzen, waschen und in Streifen schneiden. Zerkleinertes Gemüse und Thymianzweige in einem Topf vermischen. Zwei Eßlöffel Wasser, eine kräftige Prise Pfeffer und Öl hinzufügen. Gemüse aufkochen und zugedeckt bei kleiner Hitze in etwa 15 Minuten gerade eben weich garen. Dabei einige Male umrühren. Nudeln in reichlich Salzwasser bißfest kochen, abgießen, abtropfen lassen und mit der Sahne unter das Gemüse mischen. Mit Salz und Pfeffer abschmecken und mit Basilikumblättchen bestreut servieren. N Pro Portion 14 g Eiweiß, 11 g Fett, 57 g Kohlenhydrate, 10 g Ballaststoffe, 380 Kalorien.

BUNTER REIS MIT GEBRATENEN BANANEN

FÜR 4 PORTIONEN

1 Zwiebel, 3 Eßl. Erdnußöl, 1 Teel. Safranfäden, 1/2 Teel. gemahlene Gelbwurz, 200 g Langkornreis, Salz, Cayennepfeffer, 50 g Mandelstifte, 50 g Rosinen, 4 feste Bananen, 200 g Magerjoghurt, einige Blättchen Zitronenmelisse (ersatzweise Petersilie)

Zwiebel abziehen, hacken und in einem Eßlöffel Erdnußöl glasig braten. Zerriebenen Safran, Gelbwurz und Reis untermischen und einige Male umrühren. 400 Kubikzentimeter Wasser zugießen. Reis mit Salz und Cayennepfeffer würzen, aufkochen und zugedeckt bei kleiner Hitze in etwa 20 Minuten körnig weich garen. Mandelstifte ohne Fettzugabe bei kleiner Hitze goldgelb rösten und mit den Rosinen unter den Reis mischen. Geschälte Bananen im restlichen Öl bei kleiner bis mittlerer Hitze etwa fünf Minuten braten, bis sie weich sind. Reis auf heißen Tellern verteilen, Bananen daneben anrichten. Joghurt mit einem Schneebesen schaumig schlagen, mit zerkleinerten Kräuterblättchen mischen und als Klecks auf die Bananen setzen. N Pro Portion 9 g Eiweiß, 15 g Fett, 71 g Kohlenhydrate, 6 g Ballaststoffe, 450 Kalorien.

GEMÜSEREIS

FÜR 4 PORTIONEN

1 Bund Lauchzwiebeln, 2 kleine Zucchini, 2 Möhren, 2 Tomaten, 1 Bund Thymian (ersatzweise Petersilie), 2 Eßl. Öl, 250 g Arborio-Reis (siehe Kasten Seite 42), 1 Eßl. edelsüßes Paprikapulver, Salz, frisch gemahlener Pfeffer, 1 Eßl. Schlagsahne, 1 Bund Schnittlauch

Lauchzwiebeln putzen, waschen und in etwa fingerlange Stücke schneiden. Gewaschene Zucchini und geschälte Möhren in Stifte schneiden. Tomaten abziehen und grob zerkleinern. Thymianblättchen abstreifen. Öl erhitzen. Reis und Lauchzwiebeln darin bei großer Hitze anbraten. Restliches Gemüse, Thymian, Paprika, Salz und Pfeffer untermischen. Einen halben Liter Wasser zugießen, aufkochen und Reis zugedeckt bei kleiner Hitze etwa 20 Minuten garen, bis er weich ist. Schlagsahne und fein zerkleinerten Schnittlauch untermischen. + Dazu: Salat. N Pro Portion 7 g Eiweiß, 7 g Fett, 55 g Kohlenhydrate, 4 g Ballaststoffe, 290 Kalorien.

GEBACKENE AUBERGINEN

FÜR 4 PORTIONEN - FOTO

4 mittelgroße Auberginen, 1 Bund Petersilie,
2 Gemüsezwiebeln, 4 Knoblauchzehen,
4 Eßl. Olivenöl, 1 Teel. getrockneter Oregano,
3 Eßl. Tomatenmark, Salz,
frisch gemahlener schwarzer Pfeffer,
1/2 Zitrone

Auberginen waschen und längs halbieren. In reichlich Wasser drei Minuten sprudelnd kochen lassen. Herausnehmen und abtropfen lassen. Mit einem Eßlöffel so viel Fruchtfleisch herausholen, daß die Auberginenhälften etwa drei Zentimeter dicke Schalen bilden. Fruchtfleisch und gewaschene Petersilie fein zerkleinern. Zwiebeln und Knoblauch abziehen und hacken. Zwei Eßlöffel Öl erhitzen. Zwiebeln darin bei kleiner Hitze glasig braten. Auberginenfleisch, Petersilie, Knoblauch, Oregano und Tomatenmark zugeben und unter Rühren etwa eine Minute schmoren. Mit Salz, Pfeffer und Zitronensaft würzen und in die Auberginenschalen füllen. In eine ofenfeste Form mit niedrigem Rand setzen und mit dem restlichen Öl beträufeln. Form in den kalten Backofen (mittlere Schiene) schieben. Ofen auf 200 Grad (Umluft 180 Grad, Gas Stufe 4) schalten. Auberginen etwa 40 Minuten backen. Dazu: Reis oder Brot und Salat. Pro Portion 4 g Eiweiß, 11 g Fett, 12 g Kohlenhydrate, 5 g Ballaststoffe, 150 Kalorien.

HIRSE MIT TOMATEN UND KRÄUTERN

FÜR 2 PORTIONEN

200 g Hirse, Salz, 300 g Tomaten,
1 Handvoll gemischte Kräuter wie Salbei,
Petersilie und Thymian, 1 Eßl. saure Sahne,
Salz, frisch gemahlener schwarzer Pfeffer

Hirse mit knapp 400 Kubikzentimeter Wasser und Salz aufkochen und zugedeckt bei kleinster Hitze in etwa 20 Minuten körnig weich garen. Abgezogene Tomaten und gewaschene Kräuter fein hacken und mit der gegarten Hirse mischen. Unter Rühren bei mittlerer Hitze schmoren, bis alles heiß ist. Saure Sahne unterrühren, Hirse mit Salz und Pfeffer kräftig abschmecken. Dazu: Salat oder geröstete Kohlrabi mit Sesam (Rezept Seite 109). Pro Portion 12 g Eiweiß, 5 g Fett, 74 g Kohlenhydrate, 7 g Ballaststoffe, 380 Kalorien.

Gebackene Auberginen

GEFÜLLTE ZUCCHINI MIT LINSEN

FÜR 4 PORTIONEN

250 g braune Linsen,
1 Teel. Instant-Gemüsebrühe,
1 Teel. getrockneter Majoran,
600 g mittelgroße Zucchini, 1 Tomate, Salz,
2 Lauchzwiebeln, 1 kleine grüne Paprikaschote,
50 g Champignons, 50 g Magerjoghurt,
frisch gemahlener weißer Pfeffer

Linsen mit einem halben Liter Wasser, Gemüsebrühe und Majoran aufkochen und zugedeckt bei kleiner Hitze 45 Minuten garen. Inzwischen Zucchini waschen und längs halbieren. Fruchtfleisch mit einem Löffel herauskratzen, so daß die Zucchini bis auf einen etwa ein Zentimeter dicken Rand ausgehöhlt sind und Schälchen bilden. Nebeneinander in eine ofenfeste Form mit niedrigem Rand setzen. Für die Füllung Tomate, ausgehöhltes Zucchinifleisch, Lauchzwiebeln, Paprikaschote und gewaschene Pilze fein zerkleinern. Mit dem Joghurt unter die Linsen mischen. Füllung kräftig mit Salz und Pfeffer würzen und in die Zucchini geben. Form in den kalten Backofen (mittlere Schiene) stellen. Ofen auf 200 Grad (Umluft 180 Grad, Gas Stufe 3) schalten. Zucchini etwa 30 Minuten backen. + Dazu: Salat und Brot oder Kartoffeln. N Pro Portion 19 g Eiweiß, 2 g Fett, 38 g Kohlenhydrate, 10 g Ballaststoffe, 240 Kalorien.

GEBACKENE KRÄUTERKARTOFFELN

FÜR 4 PORTIONEN

1 kg kleine Kartoffeln, 1 Eßl. Kümmelkörner,
1 Bund frischer Thymian, Salz,
frisch gemahlener schwarzer Pfeffer,
1 Eßl. Zitronensaft, 6 Eßl. Olivenöl

Kartoffeln waschen, halbieren und mit den Schnittflächen nach oben auf ein Backblech legen. Kümmel und abgezupfte Thymianblättchen darüberstreuen. Mit Salz und Pfeffer würzen. Zitronensaft mit Öl mischen und über die Kartoffeln träufeln. Blech in den kalten Backofen (mittlere Schiene) schieben. Ofen auf 200 Grad (Umluft 180 Grad, Gas Stufe 3) schalten. Kartoffeln etwa 50 Minuten backen, bis sie weich sind. + Dazu: Gefüllte Tomaten (Rezept Seite 59) oder Champignonspieße (Rezept Seite 72) und Salat. N Pro Portion 5 g Eiweiß, 15 g Fett, 39 g Kohlenhydrate, 6 g Ballaststoffe, 310 Kalorien.

MANGOLD MIT SAFRANSOSSE

FÜR 3 PORTIONEN

1 kg Mangold, Salz, frisch gemahlener weißer Pfeffer, 2 Eßl. Öl, 1 kleine Zwiebel, 1 Knoblauchzehe, 1 Teel. Safranfäden, 100 g Kokoscreme (Dose oder Block, siehe Kasten Seite 54), 2 Eßl. Zitronensaft, 1 Eßl. gehackte Petersilie

Mangold putzen, Blätter voneineinander trennen, waschen und trockenschwenken. Blätter unzerkleinert in einen Topf legen, mit Salz und Pfeffer bestreuen. Zwei Eßlöffel Wasser und einen Eßlöffel Öl zugeben. Mangold aufkochen und zugedeckt bei kleiner Hitze in etwa sechs Minuten gerade eben weich garen. Für die Soße abgezogene Zwiebel und Knoblauchzehe hacken und im restlichen Öl glasig braten. Zerriebene Safranfäden und Kokoscreme zugeben. Soße bei großer bis mittlerer Hitze unter Rühren dickflüssig einkochen lassen, dabei die Garflüssigkeit vom Mangold nach und nach zugießen. Mit Salz und Zitronensaft abschmecken. Petersilie untermischen. Soße über den Mangold gießen. ⊕ Dazu: Pellkartoffeln. Ⓝ Pro Portion 8 g Eiweiß, 14 g Fett, 34 g Kohlenhydrate, 9 g Ballaststoffe, 290 Kalorien.

ÜBERBACKENE ZUCCHINI

FÜR 4 PORTIONEN

1 kg kleine Zucchini,
250 g Tofu (siehe Kasten Seite 29),
1 Knoblauchzehe, 75 g Pinienkerne,
5 frische Salbeiblätter (ersatzweise Petersilie),
50 g Vollkornbrot, 1 Eßl. getrockneter Oregano,
1/2 Zitrone, Salz,
frisch gemahlener schwarzer Pfeffer,
3 Eßl. Olivenöl

Zucchini waschen, putzen und längs in etwa fingerdicke Scheiben schneiden. Dachziegelartig in eine große ofenfeste Form mit niedrigem Rand legen. Tofu klein würfeln. Abgezogenen Knoblauch, Pinienkerne und Salbei hacken. Brot fein zerbröseln. Diese Zutaten mit Oregano, Zitronensaft, Salz, reichlich Pfeffer und Öl lokker vermischen und über den Zucchini verteilen. Form in den kalten Backofen (mittlere Schiene) scheiben. Ofen auf 180 Grad (Umluft 160 Grad, Gas Stufe 2) schalten. Zucchini etwa 30 Minuten backen. ⊕ Dazu: Reis oder Brot und Salat. Ⓝ Pro Portion 12 g Eiweiß, 22 g Fett, 16 g Kohlenhydrate, 4 g Ballaststoffe, 310 Kalorien.

CHINAGEMÜSE MIT TOFU

FÜR 3 PORTIONEN - FOTO

1/4 l Tomatensaft, 6 Eßl. Sojasoße,
1/2 Teel. Sambal oelek (siehe Kasten), Salz,
2 Eßl. Erdnußmus,
250 g Tofu (siehe Kasten Seite 29),
6 getrocknete Shiitake-Pilze,
2 rote Paprikaschoten,
100 g Sojasprossen (siehe Kasten Seite 71),
1/2 Bund Petersilie, 3 Eßl. Öl

Fünf Eßlöffel Tomatensaft mit drei Eßlöffel Sojasoße, Sambal oelek, Salz und Nußmus verrühren. Tofu würfeln und damit mischen. Zugedeckt drei Stunden ziehen lassen, dabei einige Male umrühren. Pilze drei Stunden in einem Achtelliter Wasser einweichen. Herausnehmen, gut abspülen und in Streifen schneiden. Einweichwasser durch eine Filtertüte gießen und für das Gemüse beiseite stellen. Paprikaschoten waschen, vierteln, putzen und in Streifen schneiden. Sojasprossen kalt abspülen und trockenschwenken. Petersilienblättchen abzupfen. Tofu abgießen, Marinade auffangen. Öl in einer großen Pfanne erhitzen. Tofu darin bei großer bis mittlerer Hitze unter Rühren braun braten. Herausnehmen. Pilze und Paprikastreifen in die Pfanne geben und unter Rühren etwa eine Minute braten. Sojasprossen und Petersilienblättchen untermischen und eine weitere Minute anbraten. Einweichwasser der Pilze, restlichen Tomatensaft, Tofumarinade und Tofu untermischen und aufkochen. Mit der restlichen Sojasoße abschmecken. Sofort servieren. ✚ Dazu: Nudeln oder Reis. Ⓝ Pro Portion 13 g Eiweiß, 20 g Fett, 12 g Kohlenhydrate, 2 g Ballaststoffe, 290 Kalorien.

SAMBAL OELEK, eine indonesische Spezialität, bekommen Sie auch bei uns in jedem Supermarkt. Es ist eine der brennend scharf schmeckenden Würzpasten, die in heißen Regionen so beliebt sind. Je nach Sorte – in Asienläden bekommen Sie auch andere "Sambals" – werden sie aus grünen oder roten, frischen oder getrockneten Chilischoten hergestellt und mit Knoblauch, Zwiebeln, Öl und/oder verschiedenen Gewürzen gemixt.

Chinagemüse mit Tofu

GEBRATENE PILZE MIT TOMATENREIS

FÜR 2 PORTIONEN

150 g Langkornreis, Salz, 500 g gemischte frische Pilze wie Champignons, Austern- und Shiitake-Pilze, 1/2 Bund Lauchzwiebeln,
1 Knoblauchzehe, 1 kleine rote Pfefferschote,
1 Handvoll gemischte Kräuter wie Petersilie, Kerbel, Dill, Estragon und Schnittlauch,
2 Tomaten, 3 Eßl. Olivenöl,
1 Eßl. Zitronensaft

Reis mit 300 Kubikzentimeter Wasser und Salz aufkochen und zugedeckt bei kleinster Hitze in etwa 20 Minuten körnig ausquellen lassen. Pilze putzen und grob zerkleinern. Lauchzwiebeln putzen, waschen und in Ringe schneiden. Abgezogenen Knoblauch hacken. Pfefferschote halbieren, Kerne entfernen, Hälften fein hacken. Kräuter waschen, trockentupfen und fein zerkleinern. Tomaten abziehen oder waschen und würfeln. Öl in einer großen Pfanne erhitzen. Pilze, Lauchzwiebeln, Knoblauch und Pfefferschote darin bei mittlerer bis großer Hitze unter ständigem Wenden etwa fünf Minuten braten, bis die Pilze leicht gebräunt sind. Mit Zitronensaft und Salz abschmecken, mit den gehackten Kräutern vermischen. Tomaten unter den Reis geben und erhitzen. Pilze und Reis auf heißen Tellern anrichten. + Dazu: Salat. N Pro Portion 13 g Eiweiß, 17 g Fett, 64 g Kohlenhydrate, 7 g Ballaststoffe, 450 Kalorien.

NUDELN MIT SPINAT UND NÜSSEN

FÜR 3 PORTIONEN

500 g Spinat, 100 g Nußkerne,
1 Knoblauchzehe, 5 frische Salbeiblättchen (ersatzweise Petersilie), 3 Eßl. Öl,
2 Eßl. Zitronensaft, Salz,
frisch gemahlener weißer Pfeffer,
250 g Vollkornnudeln (ohne Ei)

Spinat verlesen, waschen, trockenschwenken und zerkleinern. Nüsse, abgezogenen Knoblauch und Salbei fein hakken. Im heißen Öl bei mittlerer Hitze anbraten. Spinat portionsweise zugeben und unter Rühren bei großer Hitze schmoren, bis er zusammenfällt. Mit Zitronensaft, Salz und Pfeffer abschmecken. Nudeln in reichlich Salzwasser bißfest garen, abgießen, abtropfen lassen und mit dem Spinat vermischen. + Dazu: Tomatensalat. N Pro Portion 19 g Eiweiß, 33 g Fett, 60 g Kohlenhydrate, 8 g Ballaststoffe, 620 Kalorien.

VEGETARISCHER COUSCOUS

FÜR 4 PORTIONEN

300 g Couscous (siehe Tip), 50 g Rosinen, Salz, 4 Eßl. Erdnußöl, 250 g Porree, 300 g grüne und rote Paprikaschoten, 1 Aubergine (etwa 300 g), 3 Eßl. Gemüsebrühe (Instant), 1 Dose Kichererbsen (Füllmenge 400 g), Salz, frisch gemahlener weißer Pfeffer, 250 g Magerjoghurt, 1 Bund Schnittlauch, 1/2 Teel. Sambal oelek (siehe Kasten Seite 96), 75 g ungesalzene Pistazienkerne

Couscous in eine Schüssel geben. Etwa 450 Kubikzentimeter Wasser dazugießen. Zugedeckt 45 Minuten quellen lassen. Rosinen in drei Eßlöffel Wasser einweichen. Couscous mit einer Gabel durchrühren, bis es wieder körnig ist; dabei salzen. Den Boden eines hohen Topfes gerade eben mit Wasser bedecken. Einen Eßlöffel Öl darin erhitzen. Couscous so hineinschütten, daß es den Topfboden bedeckt und wie eine Pyramide aufgeschichtet ist. Topfdeckel mit einem Küchentuch umwickeln, fest auf den Topf drücken und beschweren, damit der Topf dicht schließt. Couscous bei kleiner Hitze eine Stunde dämpfen. Porree putzen, waschen und in etwa fingerbreite Stücke schneiden. Paprikaschoten waschen, halbieren, putzen und in Streifen schneiden. Gewaschene Aubergine würfeln. Restliches Öl erhitzen, zerkleinertes Gemüse darin anbraten. Brühe zugeben, Gemüse aufkochen und zugedeckt bei kleiner Hitze fünf Minuten garen. Abgetropfte Kichererbsen und Rosinen untermischen und erhitzen. Mit Salz und Pfeffer abschmecken. Joghurt mit fein zerkleinertem Schnittlauch, Sambal oelek und etwas Salz verrühren. Gemüse in die Mitte einer großen Platte geben und mit den Pistazien bestreuen. Couscous in Häufchen um das Gemüse setzen. Joghurt dazu servieren. N Pro Portion 27 g Eiweiß, 23 g Fett, 95 g Kohlenhydrate, 14 g Ballaststoffe, 690 Kalorien. ! Tip: Couscous, grob gemahlenen Weizengrieß, bekommen Sie in türkischen Lebensmittelgeschäften und Grünen Läden.

WÜRZÄPFEL MIT GEBRATENEN KARTOFFELN

FÜR 4 PORTIONEN - FOTO

150 ccm milder Obstessig,
4 mittelgroße säuerliche Äpfel,
1 Stück frische Ingwerwurzel (etwa 5 cm lang),
100 g Apfelkraut (siehe Tip), 1 Zimtstange,
6 Gewürznelken, 75 g abgezogene Mandeln,
700 g kleine Kartoffeln (festkochende Sorte),
5 Knoblauchzehen, 6 Eßl. Öl, Salz,
frisch gemahlener schwarzer Pfeffer,
1 Bund frischer Majoran (ersatzweise Petersilie)

Essig mit 700 Kubikzentimeter Wasser aufkochen. Geschälte Äpfel zugeben, erneut aufkochen und zugedeckt bei kleiner Hitze etwa fünf Minuten kochen lassen. Mit einem Schaumlöffel herausnehmen und in eine Schüssel geben. Ingwer schälen und in Scheiben schneiden. Apfelkraut mit Ingwer, Zimtstange, Nelken und Mandeln aufkochen und über die Äpfel gießen. Äpfel abkühlen lassen, dabei einige Male wenden. Kartoffeln schälen, waschen und abtrocknen. Knoblauchzehen abziehen und halbieren. Öl erhitzen. Kartoffeln darin bei mittlerer Hitze anbraten. Knoblauch, Salz und Pfeffer zugeben. Kartoffeln zugedeckt bei kleiner Hitze in etwa 15 Minuten weich braten, dabei hin und wieder wenden. Majoran waschen, trockentupfen und grob hacken. Zu den Kartoffeln geben. Kartoffeln unter Wenden bei mittlerer bis großer Hitze bräunen. Mit den Würzäpfeln anrichten. + Dazu: Grüner oder gemischter Salat. N Pro Portion 8 g Eiweiß, 26 g Fett, 59 g Kohlenhydrate, 8 g Ballaststoffe, 690 Kalorien. ! Tip: Sie bekommen Apfel- und Birnenkraut im Supermarkt und in Reformhäusern. Obstkraut ist mit Zucker dick eingekochter Saft, der beim Einkochen geliert und streichfähig wird.

Würzäpfel mit gebratenen Kartoffeln

KARTOFFELN MIT NÜSSEN

FÜR 4 PORTIONEN - FOTO

1 kg Kartoffeln, Salz, 1 kleine unbehandelte Zitrone, 1 kleine rote Pfefferschote, 4 Knoblauchzehen, 1 Bund Petersilie, 100 ccm Oliven- oder Erdnußöl, 50 g gehackte Walnußkerne, 30 g Sonnenblumenkerne, 30 g Kürbiskerne

Kartoffeln schälen, waschen und in gleich große Stücke schneiden. In eine Schüssel geben, mit Salz und Zitronensaft mischen. Ein großes Stück Zitronenschale, entkernte Pfefferschote, abgezogenen Knoblauch und Petersilie hacken. Mit Öl, Walnüssen, Sonnenblumen- und Kürbiskernen zu den Kartoffeln geben und mischen. Alles in eine ofenfeste Form mit niedrigem Rand füllen und in den kalten Backofen (mittlere Schiene) schieben. Ofen auf 200 Grad (Umluft 180 Grad, Gas Stufe 4) schalten. Kartoffeln eine Stunde backen und zwischendurch einige Male wenden. + Dazu: Gemischter Salat. N Pro Portion 14 g Eiweiß, 40 g Fett, 43 g Kohlenhydrate, 8 g Ballaststoffe, 570 Kalorien.

KARTOFFELN MIT ZWIEBELSOSSE

FÜR 2 PORTIONEN

600 g kleine Kartoffeln, 1 Bund Lauchzwiebeln, 1 rote Pfefferschote, 1 Eßl. Öl, 1 Teel. Mehl, 100 ccm Gemüsebrühe (Instant), 3 Eßl. fettarme Milch (1,5 %), 1 Teel. Crème fraîche, 1 Teel. grüne Pfefferkörner (frisch oder eingelegt), 1 Teel. Zitronensaft, Salz

Kartoffeln waschen und in wenig Wasser mit der Schale weich kochen. Lauchzwiebeln putzen, waschen und in dünne Ringe schneiden. Pfefferschote halbieren, von den Kernen befreien und in feine Streifen schneiden. Öl erhitzen. Zwiebelringe und Pfefferschote darin unter Rühren bei mittlerer Hitze anbraten. Mehl unterrühren, Brühe zugießen. Unter Rühren aufkochen und zugedeckt bei kleiner Hitze etwa fünf Minuten kochen lassen. Milch, Crème fraîche und zerdrückte Pfefferkörner untermischen. Mit Zitronensaft und Salz abschmecken. Kartoffeln abgießen, ausdämpfen lassen und mit der Soße auf heißen Tellern anrichten. + Dazu: Tomatensalat. N Pro Portion 9 g Eiweiß, 6 g Fett, 51 g Kohlenhydrate, 10 g Ballaststoffe, 290 Kalorien.

Kartoffeln mit Nüssen

ZWIEBELGEMÜSE MIT TOMATEN UND KARTOFFELN

FÜR 3 PORTIONEN

500 g kleine Kartoffeln, 300 g kleine Zwiebeln, 5 frische Salbeiblätter (ersatzweise 2 Teel. getrockneter Majoran), 3 Eßl. Olivenöl, 50 ccm Gemüsebrühe (Instant), 300 g Tomaten, Salz, 1 Prise Zucker, frisch gemahlener weißer Pfeffer

Kartoffeln waschen und in wenig Wasser mit der Schale weich kochen. Zwiebeln abziehen, Salbei waschen und hacken. Öl erhitzen. Zwiebeln und Salbei darin bei mittlerer Hitze unter Rühren anbraten, bis die Zwiebeln goldgelb sind. Brühe zugeben. Einmal aufkochen und zugedeckt bei kleiner Hitze fünf Minuten garen. Inzwischen gekochte Kartoffeln und Tomaten abziehen. Tomaten grob zerkleinern. Beide Zutaten zu den Zwiebeln geben und unter ständigem Rühren bei großer Hitze schmoren, bis ein Teil der Flüssigkeit, die sich bildet, wieder verdampft ist. Mit Salz, Zucker und Pfeffer abschmecken. + Dazu: Salat. N Pro Portion 6 g Eiweiß, 11 g Fett, 35 g Kohlenhydrate, 9 g Ballaststoffe, 260 Kalorien.

TOFU MIT GEMÜSE UND NUSSHIRSE

FÜR 2 PORTIONEN

150 g Hirse, Salz, 250 g Löwenzahn, 250 g Tofu (siehe Kasten Seite 29), 1 Zwiebel, 1 Eßl. Öl, 1 gestrichener Eßl. Mehl, 3/8 l Gemüsebrühe (Instant), 1 Eßl. Schlagsahne, 1/2 unbehandelte Zitrone, Cayennepfeffer, 1 Kästchen Gartenkresse, 50 g Walnußkerne

Hirse mit 300 Kubikzentimeter Wasser und Salz aufkochen und 20 Minuten bei kleiner Hitze garen. Löwenzahn waschen, trockenschwenken und grob hacken. Tofu würfeln. Zwiebel hacken. Öl erhitzen. Zwiebel und Tofu darin bei mittlerer Hitze unter Rühren etwa eine Minute braten. Mehl darüberstäuben und kurz anrösten. Gemüsebrühe dazugießen und ständig rühren, bis die Soße glatt ist. Löwenzahn untermischen. Zugedeckt bei mittlerer bis kleiner Hitze fünf Minuten garen. Sahne, Zitronensaft und etwas abgeriebene Zitronenschale daruntermischen, mit Salz und Cayennepfeffer abschmecken. Auf heißen Tellern verteilen und mit Kresse bestreuen. Hirse mit den gehackten Nüssen vermischen und daneben anrichten. N Pro Portion 26 g Eiweiß, 31 g Fett, 66 g Kohlenhydrate, 9 g Ballaststoffe, 640 Kalorien.

KARTOFFELPUFFER MIT ANANASKRAUT

FÜR 4 PORTIONEN

1 kleine Zwiebel, 6 Eßl. Öl, 500 g Sauerkraut, 1/8 l Apfelsaft, Salz, frisch gemahlener weißer Pfeffer, 1 kg Kartoffeln (mehlige Sorte), 1 Eßl. Zitronensaft, 50 g Mehl, 30 g vollfettes Sojamehl (siehe Kasten Seite 144), 1 mittelgroße Ananas, 1/2 Bund Petersilie

Zwiebel abziehen, hacken und in einem halben Eßlöffel Öl bei mittlerer Hitze glasig braten. Sauerkraut, Apfelsaft, Salz und Pfeffer zugeben und aufkochen. Sauerkraut zugedeckt bei kleiner Hitze 30 Minuten garen. Kartoffeln schälen, waschen, abtrocknen und fein reiben. Salz, Zitronensaft, Mehl und Sojamehl untermischen. Kartoffelpuffer portionsweise im restlichen Öl bei mittlerer Hitze etwa drei Minuten backen, bis sie sich vom Pfannenboden lösen lassen. Puffer wenden und auf der zweiten Seite weitere drei bis vier Minuten braten. Gebackene Kartoffelpuffer bei 50 Grad im Backofen warm halten. Ananas schälen, in Stücke schneiden und unter das Kraut mischen. Bei großer Hitze unter Rühren heiß werden lassen. Puffer und Kraut auf heißen Tellern anrichten. Gewaschene Petersilie hacken und darüberstreuen. N Pro Portion 12 g Eiweiß, 18 g Fett, 57 g Kohlenhydrate, 12 g Ballaststoffe, 500 Kalorien.

HAFER MIT SPROSSEN

FÜR 4 PORTIONEN

200 g Haferkörner (siehe Kasten Seite 23), 1 Teel. Instant-Gemüsebrühe, 1 kleiner Kopf Wirsingkohl (etwa 500 g), 1 Zwiebel, 1 Eßl. Öl, 100 g beliebige Sprossen (siehe Kasten Seite 71), 1/8 l Sojamilch (siehe Kasten Seite 47), Salz, Cayennepfeffer, 1/2 Teel. Kümmelkörner, 1 Bund Schnittlauch

Hafer in 400 Kubikzentimeter Wasser zugedeckt über Nacht quellen lassen. Mit dem Einweichwasser und der Brühe aufkochen und zugedeckt bei kleiner Hitze 1 Stunde garen. Wirsingkohl putzen, vierteln und waschen. Strunk entfernen, Kohl in feine Streifen schneiden. Abgezogene Zwiebel hacken und im heißen Öl bei kleiner Hitze glasig braten. Kohlstreifen, Hafer mit dem verbliebenen Kochwasser, kalt abgespülte Sprossen und Sojamilch, Salz, eine kräftige Prise Cayennepfeffer und Kümmel zugeben, erneut aufkochen und zugedeckt bei mittlerer Hitze fünf Minuten garen. Mit fein zerkleinertem Schnittlauch bestreut anrichten. + Dazu: Salat. N Pro Portion 12 g Eiweiß, 7 g Fett, 37 g Kohlenhydrate, 6 g Ballaststoffe, 260 Kalorien.

BOHNENCURRY MIT BUCHWEIZEN

FÜR 2 PORTIONEN - FOTO

200 g Buchweizen, Salz,
2 dünne Stangen Porree, 300 g Tomaten,
1 Knoblauchzehe, 1 Eßl. Öl,
1-2 Eßl. Currypulver,
1 Teel. getrocknetes Bohnenkraut,
1 Dose Große weiße Bohnen (Füllmenge 400 g),
1/2 Bund Petersilie, 50 g Magerjoghurt

Buchweizen mit 400 Kubikzentimeter Wasser und Salz aufkochen und zugedeckt bei kleinster Hitze 20 Minuten garen. Porree putzen, waschen und in dünne Ringe schneiden. Abgezogene Tomaten würfeln, Knoblauch hacken. Öl erhitzen. Porree, Knoblauch, Curry und Bohnenkraut darin bei mittlerer Hitze unter Rühren anbraten. Abgetropfte Bohnen und Tomaten zugeben und bei großer Hitze unter Rühren schmoren, bis sie heiß sind. Mit Salz abschmecken und auf heißen Tellern verteilen. Petersilienblättchen darüberstreuen. Joghurt auf dem Curry verteilen, Buchweizen daneben anrichten. N Pro Portion 24 g Eiweiß, 8 g Fett, 110 g Kohlenhydrate, 14 g Ballaststoffe, 600 Kalorien.

GEBRATENE NUDELN MIT GEMÜSE

FÜR 2 PORTIONEN

100 g breite Nudeln (ohne Ei), Salz,
2 1/2 Eßl. Öl, 1 Knoblauchzehe, 1 kleines Stück frische Ingwerwurzel (etwa 2 cm lang),
1 Stange Porree, 250 g grüner Spargel,
100 g Austernpilze, 4 Eßl. Sojasoße,
frisch gemahlener weißer Pfeffer

Nudeln in reichlich Salzwasser bißfest kochen, abgießen und mit einem halben Eßlöffel Öl vermischen. Abgezogenen Knoblauch und geschälte Ingwerknolle fein hacken. Porree putzen, waschen und in etwa fingerbreite Stücke schneiden. Spargel waschen, die unteren holzigen Enden entfernen. Köpfe abschneiden. Stangen in fingerbreite Stücke schneiden. Pilzhüte in Streifen schneiden, Strünke würfeln. In einer großen Pfanne restliches Öl erhitzen. Porree, Spargelstangen und Pilzwürfel darin bei großer bis mittlerer Hitze unter Rühren zwei Minuten braten. Nudeln, Knoblauch, Ingwer, Spargelköpfe und Pilzstreifen zufügen und weitere zwei bis drei Minuten mitbraten, bis die Nudeln heiß sind. Mit Sojasoße, Salz und Pfeffer abschmecken und sofort servieren. N Pro Portion 13 g Eiweiß, 15 g Fett, 39 g Kohlenhydrate, 6 g Ballaststoffe, 330 Kalorien.

Bohnencurry mit Buchweizen

TOFUSCHNITZEL MIT KARTOFFELSALAT

FÜR 3 PORTIONEN

750 g Kartoffeln (festkochende Sorte), 1 Zwiebel, 1 kleiner säuerlicher Apfel, 1 Gewürzgurke, 1 Bund Schnittlauch, 1 Eßl. Instant-Gemüsebrühe, 1 Eßl. scharfer Senf, 3 Eßl. Essig, frisch gemahlener schwarzer Pfeffer, 3 Eßl. Distelöl, 2 Knoblauchzehen, 50 g saure Sahne, 2 Eßl. Mehl, 2 Eßl. Paniermehl, 1 Teel. getrockneter Thymian, 250 g Tofu (siehe Kasten Seite 29), 3 Eßl. Erdnußöl

Kartoffeln waschen und in wenig Wasser weich kochen. Abgießen, kalt abschrecken, pellen und noch heiß in Scheiben schneiden. Während die Kartoffeln garen, Zwiebel abziehen und fein hakken. Apfel vierteln, schälen, vom Kerngehäuse befreien und in Scheiben schneiden. Gewürzgurke würfeln, Schnittlauch in feine Röllchen schneiden. Für die Salatsoße einen Viertelliter Wasser mit Brühe aufkochen. Senf, Essig, Pfeffer und Distelöl in die Brühe rühren. Kartoffeln mit Zwiebel, Apfel, Gurke, Schnittlauch und Salatsoße vermischen und zugedeckt ziehen lassen, bis der Tofu gebraten ist. Knoblauch abziehen, zerdrücken und auf einem Teller mit der sauren Sahne verrühren. Mehl mit Paniermehl, Thymian, Salz und Pfeffer auf einem zweiten Teller mischen. Abgetropften Tofu in Scheiben schneiden. Zuerst in der Sahne, dann in der Mehlmischung wenden. Erdnußöl in einer großen Pfanne erhitzen. Tofuscheiben darin bei mittlerer Hitze pro Seite etwa drei Minuten braten. Die gebratenen Tofuschnitzel warm halten. Salat noch einmal mit Salz und Pfeffer abschmecken und zu den Tofuschnitzeln servieren. **N** Pro Portion 14 g Eiweiß, 26 g Fett, 57 g Kohlenhydrate, 8 g Ballaststoffe, 520 Kalorien.

KNOBLAUCH wirkt günstig auf den Cholesterinspiegel: Allicin, der Stoff, der für den typischen "Knofel"-Geschmack und Geruch sorgt, senkt das unerwünschte LDL-Cholesterin, ohne dabei das "gute" HDL-Cholesterin zu beeinflussen. Am besten ist der frische Knoblauch mit saftig grünen Stielen, der im Frühjahr und Sommer auf den Markt kommt und sich etwa zwei Wochen im Gemüsekorb frisch hält. In getrocknetem Knoblauch, den Sie das ganze Jahr über bekommen, steckt nur noch wenig Allicin.

GEBRATENE ZUCCHINI

FÜR 4 PORTIONEN

1 kg kleine Zucchini, 1 Gemüsezwiebel (etwa 300 g, ersatzweise normale Zwiebeln), 4 Zweige frischer Salbei (eventuell weglassen), 6 Eßl. Olivenöl, Salz, 1 unbehandelte Zitrone, 1 Knoblauchzehe, 1/8 l Gemüsebrühe (Instant), 2 Eßl. Weißweinessig, 1 Bund Petersilie, frisch gemahlener schwarzer Pfeffer

Zucchini waschen, abtrocknen und der Länge nach in etwa fingerdicke Scheiben schneiden. Abgezogene Zwiebel grob hacken. Salbeiblättchen in Streifen schneiden. Öl erhitzen. Zucchini und Zwiebeln portionsweise darin bei kleiner Hitze etwa fünf Minuten braten, bis die Zucchini weich und auf beiden Seiten braun sind. Mit der letzten Portion den Salbei braten. Zucchini und Zwiebeln in eine tiefe Platte legen und salzen. Abgeriebene Zitronenschale, ausgepreßten Saft, abgezogenen gehackten Knoblauch und Brühe in das Bratöl geben und aufkochen. Essig untermischen. Sud über das gebratene Gemüse geben. Petersilie fein hacken und darauf verteilen. Mit reichlich Pfeffer aus der Mühle bestreuen. + Dazu: Selbstgebackene Brötchen (Rezepte Seite 150 und 155), Baguette, Reis oder Pellkartoffeln. N Pro Portion 5 g Eiweiß, 16 g Fett, 11 g Kohlenhydrate, 5 g Ballaststoffe, 210 Kalorien. ! Tip: Gut zum Mitnehmen – die Zucchini schmecken auch kalt.

GERÖSTETE KOHLRABI MIT SESAM

FÜR 3 PORTIONEN

600 g Kohlrabi, 1 kleine Zwiebel, 2 Eßl. Öl, 1 Eßl. Sesamsamen, 1 Eßl. Zitronensaft, Salz, frisch gemahlener weißer Pfeffer

Zarte Kohlrabiblättchen abschneiden und beiseite legen. Knollen schälen, halbieren und in dünne Stifte schneiden. Abgezogene Zwiebel fein hacken und bei kleiner Hitze im heißen Öl anbraten. Kohlrabi und Sesam zugeben und bei mittlerer Hitze unter Rühren etwa fünf Minuten rösten. Mit Zitronensaft, Salz und Pfeffer abschmecken und mit den gehackten Kohlrabiblättchen bestreuen. + Dazu: Kartoffeln oder Brot und Tofuschnitzel (Rezept Seite 108, Kartoffelsalat weglassen). N Pro Portion 4 g Eiweiß, 9 g Fett, 9 g Kohlenhydrate, 4 g Ballaststoffe, 130 Kalorien.

GEWÜRZTE KARTOFFELN

FÜR 4 PORTIONEN - FOTO

1 kg Kartoffeln (festkochende Sorte), 50 g Kokosnußfleisch (ersatzweise Erdnußkerne), 1 1/2 unbehandelte Zitronen, 50 ccm Öl, 2 Teel. schwarze Senfkörner (ersatzweise Mohn), 3 Teel. gemahlene Gelbwurz, Salz, 1/4 l Gemüsebrühe (Instant), 2 Lauchzwiebeln

Kartoffeln schälen, waschen und in Stücke schneiden. Kokosnuß raspeln, gewaschene Zitronen in dicke Scheiben schneiden. Alles in eine ofenfeste Form geben. Öl mit Senfkörnern, Gelbwurz, Salz und Brühe mischen und darübergießen. Form zugedeckt in den kalten Backofen (untere Schiene) schieben. Ofen auf 220 Grad (Umluft 200 Grad, Gas Stufe 5) schalten. Kartoffeln eine Stunde backen. Lauchzwiebeln putzen, waschen, fein zerkleinern und roh über die Kartoffeln streuen. + Dazu: Salat oder Zucchini-Pilz-Carpaccio (Rezept Seite 74). N Pro Portion 6 g Eiweiß, 17 g Fett, 40 g Kohlenhydrate, 8 g Ballaststoffe, 330 Kalorien.

VEGETARISCHE FRIKADELLEN

FÜR 4 PORTIONEN

1 Zwiebel, 1 Bund Petersilie, 250 g Champignons, 1 kleiner Kohlrabi (ca. 200 g), 150 g Mehl, 50 g vollfettes Sojamehl (siehe Kasten Seite 144), 300 g Magerquark, 1 Teel. getrockneter Thymian, Salz, Cayennepfeffer, Muskat, eventuell Paniermehl, 3 Eßl. Öl

Zwiebel abziehen und vierteln, Petersilie waschen und grob zerschneiden. Pilze waschen, Kohlrabi schälen und in Stücke schneiden. Alle diese Zutaten im Blitzhacker pürieren. Püree mit Mehl, Sojamehl und Quark mischen. Mit Thymian, Salz, Cayennepfeffer und Muskat kräftig würzen und zu einem Teig vermischen, der gut bindet. Wenn der Teig zu feucht ist, teelöffelweise Paniermehl untermischen. Frikadellen formen und portionsweise im heißen Öl bei kleiner bis mittlerer Hitze etwa zehn Minuten braten, dabei einmal wenden. + Dazu: Gemischter Salat und Kartoffelsalat (Rezept Seite 108, Tofu weglassen) oder Knoblauchbrot (Rezept Seite 58). N Pro Portion 22 g Eiweiß, 11 g Fett, 38 g Kohlenhydrate, 4 g Ballaststoffe, 330 Kalorien. ! Tip: Zum Mitnehmen kalte Frikadellen mit Salatblättern, Tomatenscheiben, Ketchup und Brötchen als vegetarische Hamburger zubereiten.

Gewürzte Kartoffeln

KARTOFFELN MIT GRÜNKOHL

FÜR 2 PORTIONEN

500 g Kartoffeln, 2 Knoblauchzehen,
2 Eßl. Öl, 1 Paket Tiefkühl-Grünkohl (450 g),
1/8 l Gemüsebrühe (Instant),
1/8 l Sojamilch (siehe Kasten Seite 47), Salz,
Cayennepfeffer, 1 Teel. gemahlener Koriander,
50 g Nußkerne

Kartoffeln schälen, waschen und würfeln. Abgezogenen Knoblauch hakken. Beide Zutaten im heißen Öl bei großer Hitze anbraten. Grünkohl, Brühe und Sojamilch zugeben und aufkochen. Zugedeckt bei kleiner Hitze etwa 15 Minuten garen, bis die Kartoffeln weich sind. Mit Salz, Cayennepfeffer und Koriander abschmecken. Nüsse hacken und darüberstreuen. ⊕ Dazu: gebratener Tofu (Rezept Seite 29) und Salat. Ⓝ Pro Portion 20 g Eiweiß, 28 g Fett, 47 g Kohlenhydrate, 18 g Ballaststoffe, 520 Kalorien.

SCHMORGURKEN MIT HIRSE

FÜR 3 PORTIONEN

150 g Hirse, 1 Teel. Instant-Gemüsebrühe,
600 g Schmorgurken, 1 Zwiebel, 1 Handvoll
frische Salbeiblättchen (ersatzweise Petersilie),
2 Eßl. Olivenöl, Salz, Cayennepfeffer,
1 Eßl. Zitronensaft, 2 Tomaten,
1/2 Bund Schnittlauch, 100 g Magerjoghurt,
3 Eßl. fettarme Milch (1,5 %)

Hirse mit 300 Kubikzentimeter Wasser und Brühe aufkochen und zugedeckt bei kleiner Hitze 20 Minuten garen. Gurken schälen, längs halbieren, Kerne mit einem Teelöffel herauskratzen. Gurken in dünne Scheiben schneiden. Abgezogene Zwiebel und Salbei hacken. Öl in einer Pfanne erhitzen. Gurken, Zwiebel und Salbei darin bei mittlerer Hitze unter Rühren anbraten. Zwei Eßlöffel Wasser zugeben, aufkochen. Gurken zugedeckt bei kleiner Hitze knapp fünf Minuten garen. Mit Salz, einer kräftigen Prise Cayennepfeffer und Zitronensaft abschmecken. Tomaten waschen und würfeln, Schnittlauch fein zerkleinern. Beides mit Joghurt und Milch vermischen, mit Salz würzen. Gurken auf heißen Tellern verteilen, Hirse daneben anrichten und den Tomaten-Joghurt als Klecks daraufsetzen. Ⓝ Pro Portion 9 g Eiweiß, 9 g Fett, 44 g Kohlenhydrate, 6 g Ballaststoffe, 290 Kalorien.

NUDELN MIT BOHNEN

FÜR 4 PORTIONEN

1 große Zwiebel, 2 Knoblauchzehen,
50 g Pinienkerne,
1 Teel. getrockneter Thymian, 2 Eßl. Öl,
2 Dosen rote Bohnen (Füllmenge 800 g),
1 Tomate, Salz, 1/2 Teel. Sambal oelek (siehe Kasten Seite 96),
500 g Vollkornnudeln (ohne Ei),
1 Bund Basilikum

Abgezogene Zwiebel und Knoblauchzehen hacken. Mit Pinienkernen und Thymian im heißen Öl bei kleiner Hitze unter Rühren rösten, bis die Pinienkerne leicht gebräunt sind. Abgetropfte Bohnen und abgezogene, gewürfelte Tomate untermischen, aufkochen und etwa zwei Minuten schmoren. Mit Salz und Sambal oelek kräftig würzen. Nudeln in reichlich kochendem Salzwasser bißfest garen, abgießen, abtropfen lassen und mit den Bohnen mischen. Basilikum hacken und darüberstreuen. N Pro Portion 30 g Eiweiß, 15g Fett, 122g Kohlenhydrate, 11g Ballaststoffe, 750 Kalorien.

GEMÜSE MIT REISNUDELN

FÜR 2 PORTIONEN

1 Zwiebel, 200 g Zuckerschoten,
200 g Austernpilze, 2 Eßl. Öl, 4 Eßl. Sojasoße,
Salz, Cayennepfeffer, 100 g Reisnudeln,
1/2 Bund Schnittlauch

Zwiebel abziehen und hacken. Zuckerschoten waschen, Stiel- und Blütenansatz abschneiden. Pilzhüte vom Strunk schneiden und in Streifen teilen, Strunk würfeln. Öl erhitzen. Zwiebel, Zuckerschoten und Pilze darin bei großer bis mittlerer Hitze unter Rühren etwa vier Minuten schmoren. Sojasoße untermischen, Gemüse mit Salz und Cayennepfeffer abschmecken und zugedeckt warm halten. Reisnudeln mit kochendem Wasser übergießen, etwa eine Minute darin ziehen lassen, abgießen und mit dem Gemüse mischen. Mit Schnittlauch bestreut servieren. + Dazu: Salat. N Pro Portion 10 g Eiweiß, 11 g Fett, 33 g Kohlenhydrate, 7 g Ballaststoffe, 290 Kalorien.

GEMÜSETOPF

FÜR 4 PORTIONEN - FOTO

1 Gemüsezwiebel, 4 Knoblauchzehen,
1,5 kg Gemüse wie Tomaten, Paprikaschoten,
Zucchini, Auberginen, Stangensellerie und
Champignons, 4 Eßl. Olivenöl,
1/4 l Gemüsebrühe (Instant), Salz,
frisch gemahlener weißer Pfeffer,
gemahlener Koriander, 1 Bund Petersilie

Abgezogene Zwiebel in Scheiben schneiden, Knoblauch hacken. Gemüse vorbereiten und zerkleinern. Öl erhitzen. Gemüse, Zwiebelscheiben und Knoblauch darin anbraten. Brühe, Salz, Pfeffer und Koriander zugeben. Aufkochen und zugedeckt bei kleiner bis mittlerer Hitze etwa 20 Minuten garen. Mit fein gehackter Petersilie bestreuen. + Dazu: Reis, Kartoffeln oder Brot. N Pro Portion 6 g Eiweiß, 11 g Fett, 15 g Kohlenhydrate, 8 g Ballaststoffe, 180 Kalorien. ! Tip: Gut zum Mitnehmen, denn das Gemüse schmeckt auch kalt.

REIS MIT FRÜHLINGSGEMÜSE

FÜR 4 PORTIONEN

300 g Langkornreis, Salz, 100 g Zuckerschoten,
1 mittelgroßer Kohlrabi, 2 kleine Zucchini,
1/2 Bund Lauchzwiebeln, 4 Eßl. Öl,
frisch gemahlener weißer Pfeffer,
1 Eßl. Zitronensaft, 1 Eßl. Sojasoße

Reis mit 600 Kubikzentimeter Wasser und Salz aufkochen und zugedeckt bei kleiner Hitze in etwa 20 Minuten ausquellen lassen. Inzwischen Zuckerschoten waschen und putzen. Geschälten Kohlrabi und gewaschene Zucchini würfeln. Zarte Kohlrabiblättchen waschen und fein hakken. Lauchzwiebeln putzen, waschen und in feine Ringe schneiden. Öl in einer Pfanne erhitzen. Alle Gemüse darin bei mittlerer Hitze unter ständigem Rühren etwa drei Minuten braten. Vier Eßlöffel Wasser, Salz, Pfeffer, Zitronensaft und Sojasoße zugeben. Gemüse aufkochen und zugedeckt etwa zwei Minuten garen. Heißen Reis untermischen und mit Kohlrabiblättchen bestreut servieren. N Pro Portion 9 g Eiweiß, 11 g Fett, 66 g Kohlenhydrate, 3 g Ballaststoffe, 380 Kalorien.

Gemüsetopf

MÖHRENGEMÜSE MIT HIRSE

FÜR 2 PORTIONEN - FOTO

1 Knoblauchzehe, 1 Eßl. Öl. 125 g Hirse, Salz, 500 g junge Möhren, 200 g kleine Zwiebeln, 1/8 l Gemüsebrühe (Instant), 1/2 Teel. gemahlener Koriander, 1/2 unbehandelte Zitrone, Cayennepfeffer, 1 gehäufter Teel. Mehl, 100 g Magerjoghurt, 1 Bund Schnittlauch

Knoblauch abziehen, hacken und in einem Eßlöffel Öl glasig braten. Hirse, einen Viertelliter Wasser und Salz zugeben, aufkochen. Hirse zugedeckt bei kleinster Hitze 20 Minuten garen. Inzwischen Möhren schälen und in Stifte schneiden. Zwiebeln abziehen und halbieren oder vierteln. Beide Zutaten im restlichen Öl anbraten. Brühe, Koriander, abgeriebene Zitronenschale, ausgepreßten Zitronensaft, Cayennepfeffer und Salz zugeben und aufkochen. Gemüse zugedeckt bei kleiner Hitze in etwa fünf Minuten gerade eben weich garen. Mehl mit Joghurt verrühren. Unter Rühren mit dem Gemüse vermischen und aufkochen. Hirse und Gemüse auf heißen Tellern anrichten. Schnittlauch fein zerkleinern und darüberstreuen. + Dazu: Salat. N Pro Portion 13 g Eiweiß, 8 g Fett, 66 g Kohlenhydrate, 15 g Ballaststoffe, 380 Kalorien.

REIS MIT TOMATEN UND MAIS

FÜR 2 PORTIONEN

1 Zwiebel, 1 Knoblauchzehe, 1 Eßl. Öl, 1/2 Eßl. getrockneter Oregano, 125 g Langkornreis, Salz, 250 g Tomaten, 1 Dose Mais (Füllmenge 425 g), Cayennepfeffer, 1 kleines Bund Schnittlauch

Zwiebel und Knoblauch abziehen, hacken und im heißen Öl bei kleiner Hitze glasig braten. Oregano, Reis, einen Viertelliter Wasser und Salz zugeben und aufkochen. Reis zugedeckt bei kleinster Hitze 15 Minuten garen. Abgezogene, gewürfelte Tomaten und abgetropften Mais zugeben und bei mittlerer Hitze unter Rühren erhitzen. Mit Salz und Cayennepfeffer würzen, fein zerkleinerten Schnittlauch untermischen. + Dazu: Salat. N Pro Portion 12 g Eiweiß, 8 g Fett, 93 g Kohlenhydrate, 7 g Ballaststoffe, 480 Kalorien.

Möhrengemüse mit Hirse

SÜSS-SAURES CHINAKOHLGEMÜSE

FÜR 4 PORTIONEN

750 g Chinakohl, 1 Bund Suppengrün, 1 Zwiebel 2 Eßl. Maiskeimöl, 1 Teel. Zucker, 5 Eßl. Rotweinessig, 6 entsteinte Trockenpflaumen, 1/8 l Gemüsebrühe (Instant), 2 Eßl. Apfelsaft, je 1/2 Teel. gemahlenes Piment und gemahlene Nelken, Salz, frisch gemahlener weißer Pfeffer, 1 Orange, 1/2 Bund Petersilie

Chinakohl putzen, waschen und in fingerbreite Streifen schneiden. Geputztes Suppengrün und abgezogene Zwiebel hacken. Öl erhitzen. Zwiebel darin bei mittlerer Hitze glasig braten. Zucker und Essig zugeben und rühren, bis sich der Zucker gelöst hat. Kohl, Suppengrün, Trockenpflaumen, Brühe, Apfelsaft und Gewürze zugeben. Gemüse aufkochen und zugedeckt bei kleiner Hitze fünf Minuten garen. Orange schälen, in Stücke schneiden und untermischen. Gemüse weitere zehn Minuten kochen lassen. Mit gehackter Petersilie bestreuen. + Dazu: Reis. N Pro Portion 3 g Eiweiß, 6 g Fett, 12 g Kohlenhydrate, 5 g Ballaststoffe, 110 Kalorien.

KICHERERBSEN MIT GEMÜSE

FÜR 3 PORTIONEN

300 g Gemüse (Knollensellerie, Möhren und Porree), 1 Zwiebel, 2 Knoblauchzehen, 1 Eßl. Öl, 1/2 Eßl. getrockneter Thymian, 1 Dose Kichererbsen (Füllmenge etwa 400 g), 1 Dose Pizzatomaten (Füllmenge 400 g), Salz, Cayennepfeffer, 1 Bund Basilikum

Sellerie und Möhren schälen und fein zerkleinern. Porree putzen, waschen und in dünne Ringe schneiden. Zwiebel und Knoblauch abziehen und hacken. Öl erhitzen. Alle zerkleinerten Zutaten und den Thymian bei mittlerer Hitze unter Rühren darin anbraten. Abgetropfte Kichererbsen, Tomaten, Salz und Cayennepfeffer untermischen. Gemüse aufkochen und zugedeckt bei mittlerer Hitze etwa fünf Minuten garen. Mit grob zerkleinertem Basilikum bestreut anrichten. + Dazu: Pellkartoffeln, Reis, Pizzafladen oder Zwiebelbrot (Rezepte Seite 154). N Pro Portion 17 g Eiweiß, 6 g Fett, 43 g Kohlenhydrate, 13 g Ballaststoffe, 290 Kalorien.

GEMÜSECURRY MIT REIS UND KOKOS

FÜR 4 PORTIONEN

250 g Langkornreis (möglichst Basmati oder Thailändischer Duftreis), 500 g Zucchini,
1 große Kartoffel (mehlige Sorte),
1 Bund Lauchzwiebeln,
1 kleine rote Pfefferschote,
1 Stück Ingwerwurzel (etwa 2 cm lang),
200 g Kokosnußfleisch,
1 Eßl. gemahlene Gelbwurz,
1/2 Eßl. gemahlener Kreuzkümmel,
1 Teel. gemahlener Koriander,
1/2 Teel. Zimtpulver,
1/4 Teel. gemahlene Muskatblüte,
4 Eßl. Maiskeimöl,
1 Dose Mais (Füllmenge 425 g),
1/4 l Sojamilch (siehe Kasten Seite 47),
Salz, 1/2 Zitrone, 1 Bund Petersilie

Reis in einem halben Liter Wasser zugedeckt 30 Minuten einweichen. Zum Kochen bringen, einmal umrühren und zugedeckt bei schwacher Hitze in etwa 15 Minuten körnig weich garen. Geputzte Zucchini und geschälte Kartoffel würfeln. Lauchzwiebeln putzen, waschen und in fingerbreite Stücke schneiden. Pfefferschote halbieren, von den Kernen befreien, kalt abspülen und fein hacken. Ingwerwurzel schälen und in Scheiben schneiden. Kokosnuß auf der Rohkostreibe raspeln. Alle Gewürze in einem Schälchen mischen. Öl in einem Topf erhitzen. Pfefferschote, Ingwer und Gewürzmischung darin bei mittlerer Hitze unter Rühren rösten, bis die Gewürze intensiv duften. Zucchini, Kartoffeln und Lauchzwiebeln zugeben und unter Rühren etwa zwei Minuten anbraten. Abgetropften Mais und Sojamilch zugießen, Curry mit Salz und Zitronensaft würzen, einmal aufkochen und zugedeckt bei kleiner Hitze etwa 15 Minuten garen, bis die Kartoffeln weich sind. Dabei hin und wieder umrühren. Petersilie fein hacken und über das Curry streuen. Kokosflocken und Reis dazu servieren. N Pro Portion 16 g Eiweiß, 31 g Fett, 84 g Kohlenhydrate, 10 g Ballaststoffe, 670 Kalorien. ! Tip: Wenn Sie die Gewürzmischung aus Gelbwurz, Kreuzkümmel, Koriander, Zimt und Muskat nicht selbst zubereiten wollen, können Sie auch ein bis zwei Eßlöffel gutes Currypulver nehmen.

4/SÜSSES

Melonensalat (Rezept Seite 122)

MELONENSALAT

FÜR 4 PORTIONEN - FOTO SEITE 120/121

1 Galia-Melone, 1 Gelbe Honigmelone,
200 g weiße Weintrauben, 2 Kiwis,
1 Banane, 1/2 Eßl. Honig,
1 Limette (ersatzweise 1/2 Zitrone),
50 ccm Apfelsaft, 1 Zweig Zitronenmelisse

Melonen halbieren, Kerne mit einem Eßlöffel entfernen. Den größten Teil des Fruchtfleisches der Galia-Melone mit einem Kugelausstecher oder Teelöffel herausholen und in eine Schüssel geben. Das restliche Fleisch an der Schale herauskratzen und für die Soße beiseite stellen. Honigmelone großzügig schälen, Fruchtfleisch in Stücke schneiden. Gewaschene Weintrauben halbieren, geschälte Kiwis in Scheiben schneiden. Alles zu den Melonenkugeln geben und vorsichtig mischen. Für die Soße Melonenfleisch mit geschälter Banane, Honig, Limetten- und Apfelsaft pürieren und über den Salat gießen. Mit Zitronenmelisse garnieren. N Pro Portion 2 g Eiweiß, 0,7 g Fett, 49 g Kohlenhydrate, 5 g Ballaststoffe, 210 Kalorien.

EINGELEGTE BIRNEN

FÜR 4 PORTIONEN

4 feste vollreife Birnen (Abate oder Alexander Lucas), 300 ccm Johannisbeersaft,
1/2 Päckchen Lebkuchengewürz,
1 unbehandelte Orange, 1 Eßl. Honig

Birnen schälen und in einen Topf legen. Johannisbeersaft darübergießen. Lebkuchengewürz untermischen. Ein großes Stück Orangenschale dünn abschneiden und in feine Streifen schneiden. Saft der Orange auspressen. Beide Zutaten zu den Birnen geben. Birnen im Saft aufkochen und zugedeckt bei kleiner Hitze zehn Minuten dünsten. Dabei einige Male wenden. Honig unter den heißen Sud mischen. Birnen im Sud erkalten lassen. N Pro Portion 2 g Eiweiß, 0,6 g Fett, 30 g Kohlenhydrate, 5 g Ballaststoffe, 130 Kalorien.

HOLUNDERSUPPE MIT SCHNEEKLÖSSCHEN

FÜR 4 PORTIONEN

300 g säuerliche Äpfel, 300 g Zwetschen,
300 ccm Holunderbeersaft, 40 g Zucker,
1 Stück Zimtstange, abgeriebene Zitronenschale,
1 Teel. Speisestärke, 2 Eiweiß,
1 Teel. Vanillezucker, 1 Prise Salz

Äpfel vierteln, schälen, vom Kerngehäuse befreien und in Stücke schneiden. Zwetschen waschen, halbieren und entsteinen. Obst mit Holunderbeersaft, einem Eßlöffel Zucker, Zimtstange und Zitronenschale in einem Topf aufkochen und zugedeckt bei kleiner Hitze etwa drei Minuten garen. Speisestärke mit einem Eßlöffel kaltem Wasser glattrühren, in die Obstsuppe geben und einmal aufkochen. Erkalten lassen. Für die Schneeklößchen Eiweiß steif schlagen, dabei restlichen Zukker mit Vanillezucker und Salz vermischt langsam zugeben. Einen weiten Topf etwa drei Zentimeter hoch mit Wasser füllen. Vom Eischnee mit zwei Teelöffeln Klößchen abstechen und in das kochende Wasser legen. Kochstelle abschalten, Klößchen fünf Minuten zugedeckt ziehen lassen, dabei einmal wenden. Mit einem Schaumlöffel herausnehmen und auf die Holundersuppe setzen. N Pro Portion 3 g Eiweiß, 0,3 g Fett, 36 g Kohlenhydrate, 2 g Ballaststoffe, 160 Kalorien.

GEFÜLLTE ANANAS

FÜR 4 PORTIONEN

1 große Ananas (siehe Kasten Seite 124),
300 g Erdbeeren, 1 Nektarine,
1 Eßl. Himbeersirup, 1 Eßl. Kokosraspel (ersatzweise Mandelstifte)

Den "Schopf" der Ananas abschneiden. Frucht der Länge nach vierteln. Das Fruchtfleisch mit einem langen, biegsamen Messer entlang der Schale herausschneiden, ohne die Schale dabei zu verletzen. Fruchtfleisch würfeln. Erdbeeren waschen und abzupfen, große Früchte halbieren. Nektarine waschen, halbieren, vom Stein befreien und zerkleinern. Früchte mit Himbeersirup mischen und in die Ananasschalen füllen. Mit Kokos bestreuen. N Pro Portion 2 g Eiweiß, 1 g Fett, 10 g Kohlenhydrate, 4 g Ballaststoffe, 130 Kalorien.

ANANAS-EIS

FÜR 6 PORTIONEN - FOTO

1 reife große Ananas, 300 g Magerjoghurt, 2 Eßl. Honig, 2 Eßl. Cognac (ersatzweise Fruchtsaft), 1 Zweig frische Minze

Den "Schopf" der Ananas großzügig abschneiden. Frucht der Länge nach vierteln. Harten Mittelteil herausschneiden (siehe Kasten). Viertel schälen und in Stücke schneiden, Saft dabei auffangen. Einige Ananasstücke zum Garnieren beiseite legen. Den Rest in einen Topf geben und zugedeckt bei mittlerer Hitze fünf Minuten dünsten. Dabei einige Male umrühren. Abgekühlt im Mixer fein pürieren. Püree, aufgefangenen Saft, Joghurt, Honig und Cognac oder Fruchtsaft kräftig miteinander verrühren. Masse entweder in der Eismaschine fest werden lassen oder in eine Porzellanschüssel füllen und ins Gefrierfach des Kühlschranks stellen. In etwa vier Stunden fest werden lassen, dabei etwa alle 30 Minuten kräftig durchrühren, damit das Eis cremig bleibt. Eis portionieren und auf Tellern anrichten. Mit Ananasstückchen und Minze garnieren. **N** Pro Portion 2 g Eiweiß, 0,2 g Fett, 8 g Kohlenhydrate, 2 g Ballaststoffe, 100 Kalorien.

ANANAS schmecken nur, wenn sie reif sind: Sie duften dann aromatisch, geben auf leichten Fingerdruck nach, und die inneren Blättchen der Rosette lassen sich leicht auszupfen. Kleine, deutlich ausgeprägte Schuppen zeigen süßes, saftiges Fruchtfleisch und intensiven Geschmack an. Die Farbe sagt dagegen nichts über die Qualität aus: Auch grüne oder grüngefleckte Ananas können schon ihr volles Aroma haben. Bei der Zubereitung am besten die Schale sparsam abschneiden und die "Warzen" wie die Keime einer Kartoffel ausstechen: Das süßeste und vitaminreichste Fruchtfleisch sitzt nämlich direkt unter den Schuppen. Der innere Kern bleibt beim Pürieren faserig und eignet sich deshalb nicht für das Eis. Sonst können Sie ihn ohne weiteres mitessen; er ist zwar nicht so saftig wie das Fruchtfleisch drumherum, schmeckt jedoch genauso gut und liefert zusätzliche Ballaststoffe.

Ananas-Eis

SCHROTMÜSLI

FÜR 4 PORTIONEN

150 g grob geschrotete Getreidekörner, 1/8 l fettarme Milch (1,5 %), 750 g gemischtes Obst der Jahreszeit wie Beeren und Pfirsiche, Kirschen und Nektarinen, Zwetschen und Birnen oder Äpfel und Bananen, 100 g Cashewnußkerne, 50 g Korinthen, 1 Eßl. Honig, 200 g fettarme Dickmilch (1,5 %)

Getreideschrot mit einem Viertelliter Wasser vermischen und zugedeckt im Kühlschrank am besten über Nacht, mindestens jedoch fünf Stunden quellen lassen. Herausnehmen, Milch erhitzen und unterrühren. Obst waschen oder schälen, zerkleinern, mit dem Schrot mischen und auf Tellern verteilen. Gehackte Nüsse und Korinthen über das Müsli streuen. Honig mit Dickmilch verrühren und über die Portionen geben. N Pro Portion 14 g Eiweiß, 17 g Fett, 58 g Kohlenhydrate, 9 g Ballaststoffe, 450 Kalorien.

FLOCKENMÜSLI

FÜR 4 PORTIONEN

3 säuerliche Äpfel, 100 g frische Datteln, 150 g Fünfkornflocken, 100 g Sonnenblumenkerne, 3 Orangen, 100 g Magerjoghurt, 1-2 Eßl. Honig

Äpfel waschen oder schälen, vom Kerngehäuse befreien und grob raspeln. Datteln waschen, halbieren, entkernen und in Streifen schneiden. Beide Zutaten mit Flocken und Sonnenblumenkernen mischen und auf Tellern verteilen. Orangensaft mit Joghurt und Honig verrühren und über die Flockenmischung geben. N Pro Portion 15 g Eiweiß, 16 g Fett, 67 g Kohlenhydrate, 9 g Ballaststoffe, 450 Kalorien.

MÜSLI NACH BIRCHER-BENNER

FÜR 3 PORTIONEN

50 g Vollkornhaferflocken (siehe Kasten Seite 23), 1 große Orange, 1 Eßl. Zitronensaft, 2 große säuerliche Äpfel, 2 reife Bananen, 100 g Rosinen, 75 g gemahlene Nußkerne, 1-2 Eßl. Honig

Flocken mit einem Achtelliter Wasser, Orangen- und Zitronensaft verrühren und zugedeckt über Nacht im Kühlschrank quellen lassen. Herausnehmen und mit zwei Eßlöffeln heißem Wasser vermischen. Äpfel waschen oder schälen, vom Kerngehäuse befreien und fein reiben. Bananen schälen und zerdrücken. Obst, Rosinen, Nüsse und Honig mit den Flocken mischen. N Pro Portion 9 g Eiweiß, 17 g Fett, 80 g Kohlenhydrate, 11 g Ballaststoffe, 500 Kalorien.

SÜSSIGKEITEN und Kuchen enthalten vor allem tierische Fette aus Butter und Sahne, meist auch eine ganze Menge Zucker oder Honig. Das treibt Blutzuckerspiegel und Blutfettwerte in die Höhe. Lust auf Süßes stillen Sie deshalb besser mit Obst, Trockenfrüchten und Müsli. Sie liefern Ballaststoffe, die Cholesterin binden können, und Kohlenhydrate, die der Körper erst "zerlegen" muß, bevor er sie verwerten kann. Diese Verdauungsarbeit wirkt positiv auf den Stoffwechsel. Außerdem sind Obst und Trockenfrüchte fett- und cholesterinfrei. Müsli mit Magerjoghurt, fettarmer Dickmilch, Buttermilch oder Magermilch enthält hauptsächlich günstiges Pflanzenfett aus Nüssen und Getreide.

Herbstlicher Obstsalat

HERBSTLICHER OBSTSALAT

FÜR 4 PORTIONEN - FOTO

1 kleine Gelbe Honigmelone, 4 frische Feigen, 250 g blaue Weintrauben, 4 Eßl. Orangenlikör (ersatzweise Fruchtsaft), 1 Eßl. Honig, 1 Zitrone, einige Minzeblättchen

Melone halbieren, Kerne mit einem Eßlöffel entfernen. Melone großzügig schälen, Fruchtfleisch in Stücke schneiden. Feigen waschen oder abziehen und vierteln. Gewaschene Weintrauben halbieren. Alle Früchte mischen. Orangenlikör mit Honig, Zitronensaft und zwei feingehackten Minzeblättchen vermischen und über das Obst gießen. Salat 30 Minuten zugedeckt ziehen lassen. Mit weiteren Minzeblättchen garniert anrichten. N Pro Portion 1 g Eiweiß, 0,3 g Fett, 29 g Kohlenhydrate, 3 g Ballaststoffe, 130 Kalorien.

BEERENSORBET

FÜR 6 PORTIONEN

2 Pakete gemischte Tiefkühl-Beeren (600 g), 50 g Zucker, 1/2 l gekühlter trockener Weißwein (ersatzweise weißer Fruchtsaft), Minze- oder Zitronenmelisseblättchen zum Garnieren

Gefrorene Beeren mit Zucker und der Hälfte des Weins im Mixer oder Blitzhacker pürieren. Portionsweise in eisgekühlte hohe Gläser füllen und mit dem restlichen Wein übergießen. Mit Minze oder Zitronenmelisse garnieren und sofort servieren. N Pro Portion 1 g Eiweiß, 0,6 g Fett, 18 g Kohlenhydrate, 3 g Ballaststoffe, 140 Kalorien.

FRITIERTE TEIGBLÄTTER

FÜR 4 PORTIONEN - FOTO

130 g Weizenmehl Type 405, 60 g Weizenmehl Type 1050, 3 Eßl. Öl, 1/4 Teel. Salz, Öl zum Fritieren, 2 Eßl. flüssiger Honig, eventuell 1 Teel. Puderzucker zum Bestäuben

Die beiden Mehlsorten, Öl und Salz mit 225 Kubikzentimeter warmem Wasser glattrühren und mindestens zwei Stunden zugedeckt quellen lassen. Einen Eßlöffel Teig in eine beschichtete Pfanne geben und mit einem Backpinsel verstreichen. Pfanne auf die Kochstelle setzen und den Teig bei mittlerer Hitze langsam stokken lassen, bis er sich ablöst und papierähnlich aussieht. Nacheinander bei mittlerer bis kleiner Hitze etwa 16 Teigblätter bakken. Dabei die Pfanne immer wieder abkühlen lassen. Öl zum Fritieren erhitzen. Teigblätter nacheinander darin goldbraun ausbacken. Auf Küchenpapier abtropfen lassen, jeweils mit etwas flüssigem Honig beträufeln und übereinanderschichten. Eventuell mit Puderzucker bestäuben. + Dazu: Pfirsichkompott (Rezept Seite 135) oder Melonensalat (Rezept Seite 122). N Pro Portion 5 g Eiweiß, 20 g Fett, 43 g Kohlenhydrate, 0g Ballaststoffe, 380 Kalorien. ! Tip: Die Teigblätter sind eine Spezialität aus Marokko, heißen dort "Warkha" und werden zu Pfefferminztee oder starkem Mokka gegessen.

GEBACKENE ÄPFEL MIT RUM

FÜR 4 PORTIONEN

5 frische Datteln, 2 große Orangen, 1 Eßl. Zucker, 2 Eßl. Rum, 50 g Rosinen, 4 säuerliche Äpfel, 50 g Nußkerne

Datteln waschen, trockentupfen, halbieren, entkernen und in Streifen schneiden. Mit Orangensaft, Zucker, Rum und Rosinen vermischen. Äpfel schälen, Kerngehäuse ausstechen. Äpfel in etwa fingerdicke Scheiben schneiden und in eine ofenfeste Form mit niedrigem Rand legen. Dattelmischung und gehackte Nüsse darüber verteilen. Form in den kalten Backofen (mittlere Schiene) schieben. Ofen auf 200 Grad (Umluft 180 Grad, Gas Stufe 4) schalten. Äpfel 30 Minuten backen. N Pro Portion 3 g Eiweiß, 8 g Fett, 39 g Kohlenhydrate, 6 g Ballaststoffe, 260 Kalorien.

ROTE GRÜTZE

FÜR 4 PORTIONEN

1 Paket gemischte Tiefkühl-Beeren (300 g),
1 Glas entsteinte Sauerkirschen
(ohne Zucker; Füllmenge 800 g),
50 g Zucker, 1 Stück Zitronenschale,
1 Eßl. Speisestärke

Tiefgekühlte Beeren und abgetropfte Sauerkirschen (Saft auffangen) mit Zucker und Zitronenschale aufkochen. Vom Sauerkirschsaft einen Viertelliter abmessen, mit der Speisestärke verrühren und unter das Obst mischen. Unter Rühren aufkochen, bis die Grütze dickflüssig ist. Zitronenschale entfernen. Grütze in Portionsschälchen geben, erkalten lassen und vor dem Servieren mindestens fünf Stunden kühlen. Dazu: Vanillesoße, zubereitet mit fettarmer Milch. Pro Portion 3 g Eiweiß, 1 g Fett, 40 g Kohlenhydrate, 5 g Ballaststoffe, 180 Kalorien. Tip: Zum Mitnehmen rote Grütze in ein verschließbares Gefäß füllen und erkalten lassen.

OBSTSALAT MIT LIKÖRSOSSE

FÜR 3 PORTIONEN

1 Beutel Früchtetee, 1 Eßl. Honig,
1 Eßl. Orangenlikör, 2 kleine Äpfel, 1 Banane,
1 Kiwi, 1 Papaya, 1 rosa Grapefruit,
1 Eßl. Korinthen,
1 Eßl. gehackte Walnußkerne

Teebeutel mit einer Tasse kochendem Wasser übergießen und zugedeckt zehn Minuten ziehen lassen. Teebeutel ausdrücken und wegwerfen. Tee mit Honig und Orangenlikör verrühren. Äpfel vierteln, schälen, vom Kerngehäuse befreien und grob raspeln. Banane und Kiwi schälen und in Scheiben schneiden. Papaya längs halbieren, Kerne mit einem Löffel herausnehmen und in eine Schüssel geben. Papayahälften schälen und in Stücke schneiden. Geschälte Grapefruit ebenfalls in Stücke schneiden. Den Saft, der dabei ausläuft, zur Likörsoße geben. Obst mit Korinthen, Nüssen, Likörsoße und Papayakernen mischen. Pro Portion 2 g Eiweiß, 3 g Fett, 37 g Kohlenhydrate, 5 g Ballaststoffe, 180 Kalorien.

HEFEPFANNKUCHEN MIT APFELMUS

FÜR 4 PORTIONEN

1 kg Äpfel, 1/2 unbehandelte Zitrone,
1 Stück Zimtstange, 4 Eßl. Apfelsaft,
1 Eßl. Honig, 375 g Weizenvollkornmehl,
1/2 Päckchen Trockenhefe, Salz, 3 Eßl. Öl,
4 Eßl. fettarme Dickmilch (1,5 %)

Für das Apfelmus Äpfel vierteln, schälen, vom Kerngehäuse befreien und in Stücke schneiden. Mit einem großen Stück Zitronenschale, ausgepreßtem Saft, Zimt und Apfelsaft aufkochen und zugedeckt bei kleiner Hitze etwa zehn Minuten kochen, bis die Äpfel weich sind. Zitronenschale und Zimt entfernen, Äpfel mit einem Kochlöffel kräftig durchrühren, damit sie musig werden. Honig untermischen. Apfelmus abkühlen lassen. Für die Pfannkuchen Mehl und Hefe vermischen. Salz, einen halben Liter lauwarmes Wasser, einen Eßlöffel Öl und Dickmilch zugeben. Mit den Knethaken des Handrührgerätes fünf Minuten rühren, bis der Teig Blasen bildet. Zugedeckt 30 Minuten gehen lassen. Pfanne mit etwas Öl ausstreichen. Pro Kuchen drei Eßlöffel Teig auf jeder Seite etwa drei Minuten bei kleiner bis mittlerer Hitze backen. Heiß zum Apfelmus servieren. N Pro Portion 12 g Eiweiß, 11 g Fett, 86 g Kohlenhydrate, 15 g Ballaststoffe, 480 Kalorien.

SÜSSE HEFEKLÖSSE

FÜR 4 PORTIONEN

250 g Mehl, 1/2 Päckchen Trockenhefe,
1/2 Eßl. Zucker, Salz, 1/2 unbehandelte Zitrone,
1/8 l fettarme Milch (1,5 %), 1 Eßl. Buttermilch, 25 g Margarine, Mehl zum Formen

Mehl mit Hefe, Zucker, einer Prise Salz und abgeriebener Zitronenschale mischen. Milch, Buttermilch und zerlassene Margarine zugeben und mit den Knethaken des Handrührgerätes fünf Minuten rühren. Teig zugedeckt bei Zimmertemperatur etwa 45 Minuten gehen lassen, bis sich sein Volumen verdoppelt hat. Mit bemehlten Händen acht Klöße formen und auf der bemehlten Arbeitsfläche weitere 15 Minuten gehen lassen. Reichlich Wasser mit Salz aufkochen. Klöße darin einmal aufkochen und zugedeckt bei mittlerer bis kleiner Hitze 20 bis 25 Minuten garen. + Dazu: Apfelmus (Rezept oben) oder eingelegte Birnen (Rezept Seite 122) oder Zwetschenkompott. N Pro Portion 8 g Eiweiß, 6 g Fett, 49 g Kohlenhydrate, 0 g Ballaststoffe, 290 Kalorien.

PFIRSICHKOMPOTT

FÜR 4 PORTIONEN - FOTO

4 Pfirsiche, 1 Zitrone, 75 g Zucker, 3 Eßl. Pfirsichlikör (ersatzweise 2 Eßl. Himbeersirup), eventuell gestoßenes Eis

Pfirsiche mit kochendem Wasser übergießen und kurz darin ziehen lassen. Früchte kalt abschrecken, abziehen, halbieren und entsteinen. In Spalten schneiden, mit ausgepreßtem Zitronensaft und Likör in einer Schüssel vermischen. Zugedeckt zwei Stunden kühlen. Nach Wunsch mit gestoßenem Eis servieren. N Pro Portion 1 g Eiweiß, 0,1 g Fett, 33 g Kohlenhydrate, 2 g Ballaststoffe, 150 Kalorien.

ZWIEBACKBREI MIT ZWETSCHEN

FÜR 1 PORTION

2 Scheiben Zwieback (ohne Ei), 100 ccm fettarme Milch (1,5 %), abgeriebene Zitronenschale, 6 reife Zwetschen, 1 kleine Orange, 1 Teel. Honig, 1 Eßl. gehackte Nußkerne

Zwieback zerbröckeln, mit Milch und Zitronenschale aufkochen und zugedeckt bei kleiner Hitze fünf Minuten kochen lassen. Zwetschen waschen, halbieren und entsteinen. In kleine Stücke schneiden. Orange auspressen, Saft mit Zwetschen, Honig und Nüssen unter den Zwiebackbrei mischen. N Pro Portion 11 g Eiweiß, 10 g Fett, 62 g Kohlenhydrate, 5 g Ballaststoffe, 380 Kalorien.

Pfirsichkompott

5/BACKEN

Apfel-Zwetschen-Kuchen (Rezept Seite 138)

APFEL-ZWETSCHEN-KUCHEN

FÜR 16 STÜCKE - FOTO SEITE 136/137

250 g Weizenmehl Type 1050,
1/2 Päckchen Trockenhefe, 75 g Zucker,
1 Prise Salz, 1/8 l fettarme Milch (1,5 %),
20 g Margarine, 1/2 unbehandelte Zitrone,
1 kg Zwetschen, 600 g säuerliche Äpfel,
Margarine für das Blech,
100 g gemahlene Haselnußkerne

Mehl, Hefe, etwa ein Drittel des Zuckers und Salz vermischen. Lauwarme Milch, zerlassene Margarine und abgeriebene Zitronenschale zugeben. Zitronensaft auspressen und für die Äpfel beiseite stellen. Teig mit den Knethaken des Handrührgerätes etwa fünf Minuten durchrühren, bis sich Blasen bilden. Zugedeckt bei Zimmertemperatur gehen lassen, bis sich das Volumen des Teiges etwa verdoppelt hat (oder siehe Kasten Seite 152). Inzwischen Zwetschen waschen, halbieren und entsteinen. Äpfel vierteln, schälen, vom Kerngehäuse befreien und in Spalten schneiden. Mit dem Zitronensaft vermischen. Teig kurz durchkneten, auf einem gefetteten Backblech ausrollen und mit den Nüssen bestreuen. Zwetschen und Apfelspalten schuppenförmig auf den Teig legen. Nur die Äpfel mit einem Eßlöffel Zucker bestreuen. Blech in den kalten Backofen (mittlere Schiene) schieben. Ofen auf 200 Grad (Umluft 160 Grad, Gas Stufe 3) schalten. Kuchen etwa 30 Minuten backen. Herausnehmen und noch heiß mit dem restlichen Zucker streuen. N Pro Stück 3 g Eiweiß, 6 g Fett, 27 g Kohlenhydrate, 2 g Ballaststoffe, 170 Kalorien. ! Tip: Wer auf Schlagsahne zum Kuchen nicht verzichten will – ein gehäufter Eßlöffel enthält etwa 25 mg Cholesterin.

HEFEZOPF

FÜR 20 STÜCKE

400 g Mehl, 1 Päckchen Trockenhefe,
25 g Zucker, 1 Prise Salz,
1/4 l fettarme Milch (1,5 %), 100 g Margarine,
abgeriebene Zitronenschale,
Mehl zum Formen,
Margarine für das Blech,
1 Eßl. Margarine zum Bestreichen

Mehl, Hefe, Zucker und Salz vermischen. 100 Kubikzentimeter Wasser, Milch, zerlassene Margarine und reichlich Zitronenschale zugeben. Mit den Knethaken des Handrührgerätes etwa fünf Minuten durchrühren, bis der Teig Blasen bildet. Zugedeckt bei Zimmertemperatur gehen lassen, bis sich sein Volumen etwa verdoppelt hat (oder siehe Kasten Seite 152). Teig auf Mehl kräftig durchkneten und in drei Portionen teilen. Jede Portion zu einem Strang von etwa 50 Zentimeter Länge rollen. Stränge zu einem Zopf flechten, Enden zusammendrücken. Hefezopf auf ein gefettetes Backblech legen und 15 Minuten gehen lassen. Blech in den kalten Backofen (mittlere Schiene) schieben. Ofen auf 180 Grad (Umluft 160 Grad, Gas Stufe 2) schalten. Zopf etwa 50 Minuten backen und zehn Minuten im abgeschalteten Backofen stehenlassen. Heiß mit Margarine bestreichen. N Pro Stück 3 g Eiweiß, 5 g Fett, 17 g Kohlenhydrate, 0 g Ballaststoffe, 120 Kalorien.

ROSINENSTUTEN

FÜR 20 STÜCKE

150 g Rosinen, 3 Eßl. Rum (ersatzweise
Apfelsaft), 400 g Mehl, 1 Päckchen Trockenhefe,
1 Eßl. Zucker, 1 Prise Salz, 3/8 l fettarme Milch
(1,5 %), abgeriebene Zitronenschale,
Margarine für die Form

Rosinen mit Rum vermischen. Mehl, Hefe, Zucker, Salz, lauwarme Milch und Zitronenschale mit den Knethaken des Handrührgerätes etwa fünf Minuten durchrühren, bis der Teig Blasen bildet. Zugedeckt bei Zimmertemperatur gehen lassen, bis sich sein Volumen etwa verdoppelt hat (oder siehe Kasten Seite 152). Rosinen unterkneten, Teig in eine gefettete Kastenform von 30 Zentimeter Länge füllen und 15 Minuten gehen lassen. Form in den kalten Backofen (mittlere Schiene) schieben. Ofen auf 180 Grad (Umluft 160 Grad, Gas Stufe 2) schalten. Stuten etwa 50 Minuten backen und zehn Minuten im abgeschalteten Backofen ruhen lassen. N Pro Stück 3 g Eiweiß, 0,5 g Fett, 21 g Kohlenhydrate, 0,4 g Ballaststoffe, 100 Kalorien.

ERDBEERTORTE MIT NEKTARINENCREME

FÜR 12 STÜCKE

150 g Mehl, 75 g Zucker, 1 Prise Salz,
abgeriebene Zitronenschale, 75 g Margarine,
400 g reife Nektarinen,
100 g Tofu (siehe Kasten Seite 29),
2 Eßl. Honig, 1 Teel. Vanillezucker,
2 Eßl. Zitronensaft, 600 g Erdbeeren,
50 g ungesalzene Pistazienkerne

Für den Teig Mehl, etwa 50 Gramm Zucker, Salz, abgeriebene Zitronenschale, weiche Margarine und zwei Eßlöffel Wasser mit den Knethaken des Handrührgerätes vermischen, bis die Masse krümelig ist. Mit den Händen zu einem glatten Teig zusammenkneten. Springform von 26 Zentimeter Durchmesser damit auslegen und rundherum einen etwa drei Zentimeter hohen Rand formen. Teig mit einer Gabel mehrmals einstechen und eine Stunde kühlen. Teigboden mit Pergamentpapier abdecken. Darauf eine Lage getrocknete Hülsenfrüchte wie Bohnen oder Erbsen geben, damit der Kuchenboden beim Backen flach bleibt. Form in den kalten Backofen (mittlere Schiene) schieben. Ofen auf 180 Grad (Umluft 160 Grad, Gas Stufe 2) schalten. Kuchenboden etwa 40 Minuten backen, bis er braun und knusprig ist. Herausnehmen, Hulsenfruchte und Pergament entfernen, Kuchenboden abkühlen lassen. Nektarinen waschen, halbieren und entsteinen. Mit Tofu und Honig pürieren. Vanillezucker und Zitronensaft untermischen. Creme auf den Tortenboden geben. Erdbeeren waschen, abzupfen und auf der Creme verteilen. Mit dem restlichen Zucker und den gehackten Pistazien bestreuen. **N** Pro Stück 3 g Eiweiß, 8 g Fett, 23 g Kohlenhydrate, 2 g Ballaststoffe, 180 Kalorien. **!** Tip: Unbehandelte Zitrusfrüchte heiß abwaschen und abtrocknen, bevor Sie die Schale verwenden.

KOKOSNUSS-APFEL-KUCHEN

FÜR 12 STÜCKE

250 g Mehl, 1 Prise Salz,
125 g Margarine, 120 g Zucker,
1 unbehandelte Zitrone,
750 g säuerliche Äpfel, 100 g Rosinen,
100 g Kokosraspel, 150 g Kokoscreme (Dose oder Block, siehe Kasten Seite 54),
100 g Magerjoghurt, 1 Eßl. Speisestärke,
2 Eßl. kalte Milch

Für den Teig Mehl, Salz, weiche Margarine, etwa 40 Gramm Zucker, etwas abgeriebene Zitronenschale und zwei bis drei Eßlöffel kaltes Wasser mit den Knethaken des Handrührgerätes vermischen, bis die Masse krümelig ist. Mit den Händen zu einem glatten Teig verkneten. Springform von 26 Zentimeter Durchmesser damit auslegen und einen drei Zentimeter hohen Rand formen. Teigboden mit einer Gabel mehrmals einstechen und eine Stunde kühlen. Form in den kalten Backofen (mittlere Schiene) stellen. Teigboden bei 180 Grad (Umluft 160 Grad, Gas Stufe 2) 15 Minuten vorbacken. Für den Belag Äpfel schälen und raspeln, mit restlichem Zucker, übriger abgeriebener Zitronenschale und ausgepreßtem Zitronensaft, Rosinen und Kokosraspeln vermischen. Weiche Kokoscreme und Joghurt mit einem Schneebesen kräftig verrühren. Speisestärke mit Milch glattrühren und untermischen. Apfelmischung auf dem vorgebackenen Teigboden verteilen, Kokoscreme darüberstreichen. Kuchen bei 160 Grad (Umluft 150 Grad, Gas Stufe 2) eine Stunde und 15 Minuten backen und weitere 15 Minuten im abgeschalteten Backofen stehenlassen. N Pro Stück 4 g Eiweiß, 15 g Fett, 44 g Kohlenhydrate, 3 g Ballaststoffe, 330 Kalorien.

BIRNENKUCHEN

FÜR 12 STÜCKE - FOTO

200 g Weizenvollkornmehl, 1 Prise Salz,
100 g Margarine, 40 g Zucker,
1 kleine unbehandelte Zitrone,
2 Äpfel (etwa 300 g), 1 kg vollreife Birnen,
75 g Birnenkraut (siehe Tip Seite 101),
1/2 Teel. Zimtpulver, 1 Messerspitze Piment,
25 g ungesalzene, gehackte Pistazienkerne
(ersatzweise Haselnußkerne)

Für den Teig Vollkornmehl, Salz, weiche Margarine, Zucker, etwas abgeriebene Zitronenschale und zwei bis drei Eßlöffel kaltes Wasser mit den Knethaken des Handrührgerätes vermischen, bis die Masse krümelig ist. Mit den Händen zu einem glatten Teig verkneten. Wenn der Teig zu trocken ist, noch etwas kaltes Wasser unterkneten. Springform von 26 Zentimeter Durchmesser damit auslegen und einen drei Zentimeter hohen Rand formen. Teigboden mit einer Gabel mehrmals einstechen und eine Stunde kühlen. Für den Belag Äpfel und zwei Birnen vierteln, schälen, vom Kerngehäuse befreien und in Stücke schneiden. Obststücke mit lauwarmem Birnenkraut, Zimt, Piment, übriger abgeriebener Zitronenschale und ausgepreßtem Zitronensaft in einen Topf geben. Aufkochen und zugedeckt bei kleiner Hitze zehn Minuten kochen lassen. Im offenen Topf bei großer bis mittlerer Hitze in etwa 15 Minuten zu einem dicken Mus einkochen. Dabei häufig umrühren. Abgekühltes Fruchtmus bis auf zwei Eßlöffel auf den Teigboden streichen. Form in den kalten Backofen (mittlere Schiene) stellen. Teigboden bei 180 Grad (Umluft 160 Grad, Gas Stufe 2) 20 Minuten vorbacken. Inzwischen die restlichen Birnen halbieren, schälen, Kerngehäuse herausschneiden. Birnen mit den Schnittflächen nach unten auf den Teigboden legen und mit dem restlichen Fruchtmus bestreichen. Pistazien darüberstreuen. Kuchen wieder in den Ofen schieben und in 20 bis 25 Minuten fertig backen. Dabei gegebenenfalls mit Pergamentpapier abdecken, damit er nicht zu dunkel wird. Herausnehmen, nach etwa 30 Minuten aus der Form lösen und auf einem Kuchengitter abkühlen lassen. N Pro Stück 3 g Eiweiß, 9 g Fett, 27 g Kohlenhydrate, 5 g Ballaststoffe, 200 Kalorien.

Birnenkuchen

NAPFKUCHEN

FÜR 20 STÜCKE

150 g Margarine, 100 g Zucker, 1 Prise Salz,
1/2 unbehandelte Zitrone, 250 g Mehl,
100 g gemahlene Nußkerne,
50 g gehackte Zartbitterschokolade,
100 g vollfettes Sojamehl (siehe Kasten),
1 Päckchen Backpulver,
Margarine für die Form, 2 Eßl. Nußmus,
2 Eßl. fettarme Milch (1,5 %),
1 Eßl. Obstkraut (siehe Tip Seite 101)

Weiche Margarine, Zucker, Salz, abgeriebene Zitronenschale und ausgepreßten Zitronensaft mit den Quirlen des Handrührgerätes verrühren, bis der Zucker nicht mehr knirscht. Mehl, Nüsse, Schokolade, Sojamehl und Backpulver vermischen und in drei Portionen unter den Teig rühren. Dabei nach und nach etwa 280 Kubikzentimeter kaltes Wasser zugeben, bis der Teig cremig ist und in langen Zapfen von den Quirlen des Rührgerätes abreißt. Teig in eine gefettete Napfkuchenform füllen. Form in den kalten Backofen (untere Schiene) stellen. Ofen auf 180 Grad (Umluft 160 Grad, Gas Stufe 2) schalten. Kuchen etwa 1 1/2 Stunden backen. Herausnehmen, zehn Minuten in der Form stehen lassen, auf ein Kuchengitter stürzen und erkalten lassen. Nußmus mit Milch und Obstkraut verrühren, Kuchen unmittelbar vor dem Servieren damit bestreichen. **N** Pro Stück 4 g Eiweiß, 13 g Fett, 18 g Kohlenhydrate, 1 g Ballaststoffe, 200 Kalorien. **!** Tip: Der Kuchen schmeckt nach zwei Tagen Ruhezeit am besten. In Haushaltsfolie bei Zimmertemperatur aufbewahren.

SOJAMEHL, ein goldgelbes Mehl aus gelben Sojabohnen, gibt es in Reformhäusern und Grünen Läden zu kaufen. Am besten, weil besonders schonend hergestellt, ist Vollsojamehl mit etwa 40 Prozent Eiweiß und 20 Prozent Fett. In Gebäck ersetzt Sojamehl die Eier: pro Ei etwa 25 Gramm Sojamehl mit 50 Kubikzentimeter Wasser glattrühren und unter den Teig mischen.

BEERENTORTE

FÜR 8 STÜCKE

50 g Tofu (siehe Kasten Seite 29),
50 g Sojamilch (siehe Kasten Seite 47),
100 g Margarine, 50 g Zucker, 1 Prise Salz,
1/2 unbehandelte Zitrone,
100 g Weizenvollkornmehl,
1/2 Teel. Backpulver, Margarine für die Form,
100 g Magerjoghurt, 2 Eßl. Johannisbeergelee,
1 Teel. Vanillezucker, 600 g gemischte Beeren wie Johannisbeeren, Himbeeren, Brombeeren und Erdbeeren

Tofu mit Sojamilch pürieren. Weiche Margarine, Zucker und Salz schaumig rühren. Zwei Eßlöffel kaltes Wasser, abgeriebene Zitronenschale und eßlöffelweise das Tofupüree daruntermischen. Mehl und Backpulver mischen und nur so lange unterrühren, bis der Teig cremig ist. Teig in einer gefetteten Obstkuchenform von 28 Zentimeter Durchmesser glattstreichen. Form in den kalten Backofen (mittlere Schiene) schieben. Ofen auf 180 Grad (Umluft 160 Grad, Gas Stufe 2) schalten. Kuchenboden etwa 40 Minuten backen. Auf einem Kuchengitter abkühlen lassen. Joghurt mit Johannisbeergelee und Vanillezucker verrühren und auf den Tortenboden streichen. Beeren verlesen und darauf verteilen. Die Torte frisch servieren. N Pro Portion 3 g Eiweiß, 11 g Fett, 24 g Kohlenhydrate, 4 g Ballaststoffe, 210 Kalorien.

KIRSCHKUCHEN

FÜR 12 STÜCKE

750 g Kirschen, 125 g Margarine,
100 g Zucker, 1 Prise Salz,
1/2 unbehandelte Zitrone, 200 g Mehl,
75 g vollfettes Sojamehl (siehe Kasten Seite 144),
1/2 Päckchen Backpulver,
Margarine für die Form

Kirschen waschen, abzupfen und entsteinen. Weiche Margarine, Zucker, Salz, abgeriebene Zitronenschale und ausgepreßten Zitronensaft schaumig rühren. Mehl, Sojamehl und Backpulver mischen und in drei Portionen unter den Teig rühren. Dabei nach und nach knapp einen Viertelliter kaltes Wasser zugeben, bis der Teig cremig ist und in langen Zapfen von den Quirlen des Rührgerätes abreißt. Teig in einer gefetteten Springform von 26 Zentimeter Durchmesser glattstreichen. Kirschen darauf verteilen. Form in den kalten Backofen (untere Schiene) stellen. Ofen auf 180 Grad (Umluft 160 Grad, Gas Stufe 2) schalten. Kuchen etwa 1 1/2 Stunden backen. N Pro Stück 5 g Eiweiß, 11 g Fett, 28 g Kohlenhydrate, 2 g Ballaststoffe, 230 Kalorien.

FRÜHSTÜCKSKUCHEN

FÜR 20 STÜCKE

500 g Mehl, 1 Päckchen Trockenhefe,
1 Eßl. Zucker, 1/2 Teel. Salz, 50 g Margarine,
300 ccm fettarme Milch (1,5 %),
50 g Zartbitterschokolade, 50 g Nußkerne,
60 g Rosinen, 50 g Orangeat,
Margarine für die Form

Mehl, Hefe, Zucker, Salz, zerlassene Margarine und Milch mit den Knethaken des Handrührgerätes zehn Minuten durchrühren. Zugedeckt bei Zimmertemperatur 30 Minuten ruhen lassen. Schokolade und Nüsse im Blitzhacker grob zerkleinern. Mit Rosinen und Orangeat unter den Teig kneten. In eine gefettete Napfkuchenform geben. Teig an einem kühlen Platz über Nacht gehen lassen (siehe Kasten Seite 152). Form in den kalten Backofen (untere Schiene) stellen. Ofen auf 180 Grad (Umluft 160 Grad, Gas Stufe 2) schalten. Kuchen etwa 45 Minuten backen. Herausnehmen, zehn Minuten in der Form stehenlassen, auf ein Kuchengitter stürzen und gerade eben abgekühlt servieren. N Pro Stück 4 g Eiweiß, 7 g Fett, 25 g Kohlenhydrate, 0,3 g Ballaststoffe, 160 Kalorien.

OBSTKUCHEN

FÜR 12 STÜCKE

150 g Margarine, 80 g Zucker, 1 Prise Salz,
abgeriebene Zitronenschale,
1/2 Päckchen Lebkuchengewürz, 100 g Mehl,
100 g vollfettes Sojamehl (siehe Kasten Seite 144), 50 g gemahlene Mandeln,
1 Teel. Backpulver, Margarine für die Form,
1 kg Obst wie Pfirsiche, Zwetschen, Äpfel oder Kirschen, Puderzucker zum Bestreuen

Weiche Margarine, Zucker, Salz, abgeriebene Zitronenschale, ausgepreßten Zitronensaft und Lebkuchengewürz mit den Quirlen des Handrührgerätes verrühren, bis der Zucker nicht mehr knirscht. Mehl, Sojamehl, Mandeln und Backpulver vermischen und in drei Portionen unter den Teig rühren. Dabei nach und nach etwa einen Viertelliter kaltes Wasser zugeben, bis der Teig cremig ist und in langen Zapfen von den Quirlen des Rührgerätes abreißt. Teig in einer gefetteten Springform von 26 Zentimeter Durchmesser glattstreichen. Vorbereitetes Obst darauf verteilen. Form auf den Rost (untere Schiene) in den kalten Backofen stellen. Ofen auf 180 Grad (Umluft 160 Grad, Gas Stufe 2) schalten. Kuchen etwa eine Stunde und 15 Minuten backen. Herausnehmen, zehn Minuten in der Form stehenlassen, auf ein Kuchengitter stürzen und erkalten lassen. Mit Puderzucker bestäuben. N Pro Stück 5 g Eiweiß, 15 g Fett, 25 g Kohlenhydrate, 3 g Ballaststoffe, 260 Kalorien.

ZWETSCHENTORTE

FÜR 12 STÜCKE

150 g Weizenvollkornmehl, 50 g Zucker,
1 Prise Salz, abgeriebene Zitronenschale,
75 g Margarine, 1 kg vollreife Zwetschen,
2 Eßl. Honig, 100 g ungesalzene Erdnußkerne,
50 g Schokostreusel

Für den Teig Mehl, Zucker, Salz, Zitronenschale, weiche Margarine und zwei Eßlöffel Wasser mit den Knethaken des Handrührgerätes vermischen, bis die Masse krümelig ist. Mit den Händen zu einem glatten Teig zusammenkneten. Wenn der Teig zu trocken ist, nach und nach ein bis zwei Eßlöffel Wasser unterkneten. Springform von 26 Zentimeter Durchmesser mit dem Teig auslegen, dabei rundherum einen etwa drei Zentimeter hohen Rand formen. Teig eine Stunde kühlen. Teigboden mit Pergamentpapier abdecken. Darauf eine Lage getrocknete Hülsenfrüchte wie Bohnen oder Erbsen geben, damit der Kuchenboden beim Backen flach bleibt. Form in den kalten Backofen (mittlere Schiene) schieben. Ofen auf 180 Grad (Umluft 160 Grad, Gas Stufe 2) schalten. Tortenboden etwa 40 Minuten backen, bis er braun und knusprig ist. Herausnehmen, Hülsenfrüchte und Pergament entfernen, Tortenboden zehn Minuten in der Form stehenlassen, herauslösen und auf einem Kuchengitter abkühlen lassen. Zwetschen waschen, halbieren, entsteinen und auf dem Tortenboden verteilen. Honig gegebenenfalls bei kleiner Hitze erwärmen, bis er flüssig ist. Über die Zwetschen träufeln. Erdnüsse grob hacken und mit den Schokostreuseln darüberstreuen. N Pro Stück 4 g Eiweiß, 11 g Fett, 25 g Kohlenhydrate, 3 g Ballaststoffe, 210 Kalorien.

Gewürzte Hefeschnecken

GEWÜRZTE HEFESCHNECKEN

FÜR 9 STÜCK - FOTO

500 g Mehl, 1 Päckchen Trockenhefe,
1 Prise Salz, 150 g Magerjoghurt,
100 g Margarine, Mehl zum Formen,
1 1/2 Teel. gemahlener Kardamom,
3/4 Teel. grob gemahlener schwarzer Pfeffer,
2 Eßl. Zucker, Margarine für die Form,
2 Eßl. fettarme Milch (1,5 %)

Mehl, Hefe, Salz, Joghurt, 50 Gramm zerlassene Margarine und 150 Kubikzentimeter lauwarmes Wasser in einer Schüssel mischen und mit den Knethaken des Handrührgerätes zehn Minuten durchrühren. Zugedeckt bei Zimmertemperatur ruhen lassen, bis sich das Teigvolumen verdoppelt hat (oder siehe Kasten Seite 152). Teig mit den Händen kräftig durchkneten und auf Mehl zu einem Rechteck von etwa 20 mal 30 Zentimetern ausrollen. Restliche Margarine zerlassen, Teigplatte damit bestreichen. Mit Kardamom, Pfeffer und Zucker bestreuen. Teigplatte von der Schmalseite her aufrollen. Rolle in neun Scheiben schneiden. Springform von 26 Zentimeter Durchmesser fetten. Die Scheiben mit den Schnittflächen nach oben nebeneinander in die Form setzen und mit der Milch bestreichen. Gewürzte Hefeschnecken zugedeckt weitere 15 Minuten gehen lassen. Form in den kalten Backofen (mittlere Schiene) stellen. Ofen auf 180 Grad (Umluft 160 Grad, Gas Stufe 2) schalten. Hefeschnecken etwa 50 Minuten backen. In der Form etwa zehn Minuten stehenlassen, dann herauslösen und zum Abkühlen auf ein Kuchengitter legen. Frisch servieren. N Pro Stück 7 g Eiweiß, 10 g Fett, 44 g Kohlenhydrate, 0 g Ballaststoffe, 290 Kalorien.

SECHSKORNBRÖTCHEN MIT GEWÜRZEN

FÜR 20 STÜCK

750 g fein gemahlenes Sechskorngetreide, 1 Päckchen Trockenhefe, 1 Teel. gemahlener Koriander, 1 Teel. Kümmelkörner, 1 Teel. getrockneter Majoran, 1 Eßl. Salz, 400 ccm fettarme Milch (1,5 %), 1 Eßl. Öl, 1 Beutel Sauerteig (150 g), 100 g Kürbiskerne, Mehl zum Formen, Margarine für die Bleche

Sechskornmehl mit Hefe, Koriander, Kümmel, Majoran und Salz vermischen. Lauwarme Milch, einen halben Liter lauwarmes Wasser, Öl und zimmerwarmen Sauerteig zugeben. Alles mit den Knethaken des Handrührgerätes etwa zehn Minuten durchrühren, bis der Teig Blasen bildet. Zugedeckt bei Zimmertemperatur etwa eine Stunde ruhen lassen, bis sich sein Volumen verdoppelt hat (oder siehe Kasten Seite 152). Kürbiskerne grob hacken und unter den Teig kneten. Hände in Mehl tauchen und 20 Brötchen aus dem Teig formen. Brötchen auf zwei gefettete Backbleche legen und weitere 15 Minuten gehen lassen. Mit kaltem Wasser bepinseln. Erstes Blech in den kalten Backofen (mittlere Schiene) schieben. Ofen auf 180 Grad (Umluft 160, Gas Stufe 2 schalten). Brötchen auf dem ersten Blech etwa 45 Minuten, die auf dem zweiten Blech etwa 30 Minuten (im Umluftherd beide Bleche gleichzeitig einschieben) backen. ✚ Dazu: Selbstgemachter Brotaufstrich (Rezepte Seite 60, 61, 65 und 69). N Pro Stück 7 g Eiweiß, 5 g Fett, 28 g Kohlenhydrate, 5 g Ballaststoffe, 80 Kalorien. ! Tip: Getreidekörner können Sie in den meisten Reformhäusern oder Grünen Läden gleich beim Einkauf mahlen lassen. Dort bekommen Sie auch Sauerteig: flüssig im Beutel oder als Pulver, das nach Packungsaufschrift zubereitet wird.

BOHNENKUCHEN

FÜR 12 STÜCKE

300 g Mehl, 1/2 Päckchen Trockenhefe, Salz, 1 Eßl. Öl, 300 g Tomaten, 1 Zwiebel, 1 Knoblauchzehe, 2 Dosen rote Bohnen (Füllmenge 800 g), 100 g Kokoscreme (Dose oder Block, siehe Kasten Seite 54), 2 Eßl. Currypulver, 1 Teel. Sambal oelek (siehe Kasten Seite 96), 1 Eßl. Speisestärke, Margarine für das Blech

Für den Teig Mehl, Hefe und Salz vermischen. Einen Viertelliter lauwarmes Wasser und Öl zugeben. Mit den Knethaken des Handrührgerätes etwa fünf Minuten rühren, bis der Teig Blasen bildet. Zugedeckt bei Zimmertemperatur etwa eine Stunde ruhen lassen, bis sich das Teigvolumen verdoppelt hat (oder siehe Kasten Seite 152). Für den Belag Tomaten abziehen und würfeln. Zwiebel und Knoblauch fein hacken. Diese Zutaten mit den abgetropften Bohnen, Kokoscreme, Currypulver, Salz und Sambal oelek mischen. Speisestärke mit zwei Eßlöffel Wasser verrühren und untermischen. Teig auf einem gefetteten Backblech ausrollen, Belag darauf verteilen. Kuchen weitere 15 Minuten gehen lassen. Blech in den kalten Backofen (mittlere Schiene) schieben. Ofen auf 180 Grad (Umluft 160 Grad, Gas Stufe 2) schalten. Kuchen etwa 40 Minuten backen. N Pro Portion 10 g Eiweiß, 5 g Fett, 39 g Kohlenhydrate, 5 g Ballaststoffe, 240 Kalorien. ! Tip: Gut zum Mitnehmen, denn der Kuchen schmeckt auch kalt.

HAFERKEKSE

FÜR 60 STÜCK

200 g fein gemahlener Hafer (siehe Kasten Seite 23), 100 g Weizenvollkornmehl, 100 g vollfettes Sojamehl (siehe Kasten Seite 144), Salz, 1 Eßl. gemahlene Fenchelsamen oder Kümmelkörner, 120 g Margarine, 150 g Buttermilch, Margarine für die Bleche

Hafer mit Weizen- und Sojamehl, Salz, Fenchel oder Kümmel, weicher Margarine und Buttermilch zu einem glatten Teig verkneten. Walnußgroße Kugeln abnehmen, auf Haushaltsfolie etwa messerrückendick ausrollen und nebeneinander auf zwei gefettete Backbleche legen. Erstes Blech in den kalten Backofen (mittlere Schiene) schieben. Ofen auf 200 Grad (Umluft 180 Grad, Gas Stufe 3) schalten. Kekse etwa 20 Minuten backen, bis sie leicht gebräunt sind. Kekse auf dem zweiten Blech etwa zehn Minuten backen. + Dazu: beliebiger Brotaufstrich (Rezepte Seite 60, 61, 65 und 69) und Salat. N Pro Stück 1 g Eiweiß, 2 g Fett, 3 g Kohlenhydrate, 1 g Ballaststoffe, 40 Kalorien.

WEIZENMISCHBROT

FÜR 2 BROTE À 20 SCHEIBEN - FOTO

600 g Weizenmehl, 500 g Roggenmehl Type 1150, 2 Päckchen Trockenhefe, 1 Prise Zucker, 1 1/2 Eßl. Salz, 2 Eßl. gemahlener Kümmel, 1 Eßl. gemahlener Koriander, Mehl für die Arbeitsfläche, Margarine für das Blech

Beide Mehlsorten mit Hefe, Zucker, Salz, Kümmel und Koriander vermischen. 3/4 lauwarmes Wasser zugießen. Alles mit den Knethaken des Handrührgerätes etwa zehn Minuten durchrühren, bis der Teig Blasen bildet. Zugedeckt bei Zimmertemperatur etwa eine Stunde ruhen lassen, bis sich sein Volumen verdoppelt hat (oder siehe Kasten). Teig auf der bemehlten Arbeitsfläche kräftig durchkneten. Hände in Mehl tauchen und zwei Brotlaibe formen. Brote auf ein gefettetes Backblech legen und weitere 15 Minuten gehen lassen. Mit kaltem Wasser bepinseln. Blech in den kalten Backofen (mittlere Schiene) schieben. Ofen auf 180 Grad (Umluft 160, Gas Stufe 2 schalten). Brote etwa eine Stunde backen. N Pro Scheibe 3 g Eiweiß, 0,3 g Fett, 19 g Kohlenhydrate, 2 g Ballaststoffe, 90 Kalorien.

HEFETEIG braucht zum Gehen keine Wärme, sondern nur Ruhe. Deshalb für Brot oder Brötchen zum Frühstück, Napf- oder Blechkuchen zum Kaffee den Teig am Vorabend zubereiten und über Nacht zugedeckt an einen kühlen Ort stellen. Morgens ist der Teig dann genau richtig zum Formen und Backen. Übrigens wird kalt aufgegangener Teig sehr feinporig und schmeckt besonders aromatisch.

PIZZAFLADEN

FÜR 4 PORTIONEN

250 g Mehl, 1/2 Päckchen Trockenhefe, Salz, 1/8 l Mineralwasser, 4 Eßl. Öl, 1 Zwiebel, 1 Knoblauchzehe, 1 Dose Pizzatomaten (Füllmenge 400 g), 1 Eßl. getrockneter Oregano, frisch gemahlener schwarzer Pfeffer, Mehl zum Formen, Öl für das Blech

Mehl, Hefe, einen halben Teelöffel Salz, zimmerwarmes Mineralwasser und einen Eßlöffel Öl mit den Knethaken des Handrührgerätes fünf Minuten durchrühren. Zugedeckt bei Zimmertemperatur ruhen lassen, bis sich das Teigvolumen verdoppelt hat (oder s. Kasten S.152). Zwiebel und Knoblauch abziehen, fein hacken und im restlichen Öl glasig braten. Tomaten und Oregano zugeben und bei großer bis mittlerer Hitze unter häufigem Rühren zu einem dicken Püree einkochen. Mit Salz und Pfeffer abschmecken und abkühlen lassen. Hände in Mehl tauchen, Teig in vier Portionen teilen. Jede Portion auf Mehl zu einem etwa fingerdicken Fladen ausrollen. Fladen nebeneinander auf ein gefettetes Backblech legen, mit Tomatenpüree bestreichen und weitere 15 Minuten gehen lassen. Blech in den kalten Backofen (mittlere Schiene) schieben. Ofen auf 200 Grad (Umluft 180 Grad, Gas Stufe 3) schalten. Fladen etwa 30 Minuten backen. Warm servieren. ➕ Dazu: Kichererbsensalat (Rezept S. 31) oder gemischter Salat mit Mungosprossen (Rezept S. 19). Ⓝ Pro Portion 8g Eiweiß, 11 g Fett, 51 g Kohlenhydrate, 3 g Ballaststoffe, 330 Kalorien.

ZWIEBELBROT

FÜR 20 SCHEIBEN

400 g Weizenvollkornmehl, 1 Päckchen Trockenhefe, 1/2 Eßl. Salz, 500 g Zwiebeln, 4 Eßl. Öl, 2 Eßl. getrockneter Majoran, Öl für die Form

Mehl, Hefe, Salz und 300 Kubikzentimeter lauwarmes Wasser mit den Knethaken des Handrührgerätes zehn Minuten durchrühren. Zugedeckt bei Zimmertemperatur ruhen lassen, bis sich das Teigvolumen verdoppelt hat (oder s. Kasten S. 152). Gehackte Zwiebeln im Öl glasig braten. Abgekühlt mit Majoran unter den Teig kneten. In eine gefettete Kastenform von 30 Zentimeter Länge geben. Form in den kalten Backofen (untere Schiene) stellen. Ofen auf 200 Grad (Umluft 180 Grad, Gas Stufe 3) schalten. Brot etwa 45 Minuten backen. Ⓝ Pro Scheibe 3 g Eiweiß, 3 g Fett, 14 g Kohlenhydrate, 3 g Ballaststoffe, 88 Kalorien.

HEFEBRÖTCHEN MIT NÜSSEN

FÜR 12 STÜCKE

400 g Weizenmehl Type 1050,
1 Päckchen Trockenhefe, 1/2 Eßl. Salz,
3 Eßl. Öl, 1 Zwiebel, 1 Knoblauchzehe,
75 g gehackte Nußkerne, Mehl zum Formen,
Öl für das Blech

Mehl, Hefe, Salz, zwei Eßlöffel Öl und einen Viertelliter lauwarmes Wasser mit den Knethaken des Handrührgerätes zehn Minuten durchrühren. Zugedeckt bei Zimmertemperatur ruhen lassen, bis sich das Teigvolumen verdoppelt hat (oder siehe Kasten Seite 152). Zwiebel und Knoblauch abziehen, fein hacken und im restlichen Öl glasig braten. Lauwarm abgekühlt mit den Nüssen unter den Teig kneten. Hände in Mehl tauchen und aus dem Teig zwölf Brötchen formen. Brötchen auf ein gefettetes Backblech legen und zugedeckt weitere 15 Minuten gehen lassen. Blech in den kalten Backofen (mittlere Schiene) schieben. Ofen auf 180 Grad (Umluft 160 Grad, Gas Stufe 2) schalten. Brötchen etwa 45 Minuten backen. N Pro Stück 5 g Eiweiß, 7 g Fett, 23 g Kohlenhydrate, 2 g Ballaststoffe, 170 Kalorien.

GEMÜSEKUCHEN

FÜR 8 STÜCKE

250 g Weizenvollkornmehl, Salz,
125 g Margarine, 400 g Kartoffeln (mehlige Sorte), 1 kleiner Zucchino, 2 Flaschentomaten,
2 Lauchzwiebeln, 1 Bund Petersilie,
150 ccm fettarme Milch (1,5 %), Salz,
frisch gemahlener schwarzer Pfeffer,
1 Teel. getrockneter Oregano

Für den Teig Mehl, Salz, weiche Margarine und drei bis vier Eßlöffel kaltes Wasser zu einem glatten Teig verkneten. Eine Springform von 26 Zentimeter Durchmesser damit auslegen, dabei einen drei Zentimeter hohen Rand formen. Teig mit einer Gabel einige Male einstechen und eine Stunde kühlen. Geschälte Kartoffeln und Zucchino fein raspeln. Tomaten abziehen und würfeln. Lauchzwiebeln putzen, waschen und fein zerkleinern. Petersilie hacken. Alles mit Milch, Salz, Pfeffer und Oregano mischen und auf dem Teigboden verteilen. Form in den kalten Backofen (mittlere Schiene) stellen. Ofen auf 200 Grad (Umluft 180 Grad, Gas Stufe 4) schalten. Kuchen eine Stunde backen. Lauwarm oder kalt servieren. + Dazu: gemischter Salat. N Pro Stück 6 g Eiweiß, 14 g Fett, 29 g Kohlenhydrate, 6 g Ballaststoffe, 260 Kalorien. ! Tip: Gut zum Mitnehmen; schmeckt mit Tomaten, Radieschen oder Salatgurke.

Gefüllte indische Brote

GEFÜLLTE INDISCHE BROTE

FÜR 6 PORTIONEN - FOTO

600 g Weizenvollkornmehl, Salz, 6 Eßl. Öl, 150 g Magerjoghurt, 2 Lauchzwiebeln, 1 Knoblauchzehe, 1 rote Pfefferschote, je 2 Teel. Gelbwurz- und Kreuzkümmelpulver, 1 Teel. Ingwerpulver, 1/2 Teel. gemahlener Kardamom, 1 Eßl. Erdnußöl, 150 g rote Linsen, 1/4 l Gemüsebrühe (Instant), 500 g Spinat, 1 Kartoffel (mehlige Sorte, etwa 200 g), 1 kleine Zitrone, Margarine für die Bleche, 1 Eßl. Magarine

Mehl, Salz, Öl, Joghurt und 175 Kubikzentimeter Wasser mischen. Mit den Knethaken des Handrührgerätes kurz verrühren, mit den Händen etwa fünf Minuten durchkneten, bis der Teig glatt und geschmeidig ist. Unter zu trockenen Teig tropfenweise Wasser kneten. Teig, der an den Fingern klebt, auf etwas Mehl kräftig durchkneten. Zu einem Kloß formen und mit einem feuchten Küchentuch bedeckt bei Zimmertemperatur ruhen lassen, bis die Füllung zubereitet ist. Lauchzwiebeln in dünne Ringe schneiden, abgezogenen Knoblauch hacken. Pfefferschote ohne die Kerne fein zerkleinern. Gewürze mischen. Erdnußöl erhitzen. Zwiebelringe, Knoblauch, Pfefferschote und Gewürze darin bei kleiner Hitze unter Rühren drei Minuten braten. Linsen und Gemüsebrühe zugeben, aufkochen und zugedeckt bei kleiner Hitze 15 Minuten garen. Gewaschenen Spinat grob zerkleinern, geschälte Kartoffel fein raspeln. Beide Zutaten zu den Linsen geben, aufkochen und zugedeckt weitere zehn Minuten garen. Mit Salz und Zitronensaft würzen. Teig in zwölf Portionen teilen. Jede Portion auf der Arbeitsfläche zu einem dünnen Rechteck ausrollen. Füllung auf den Teig geben, Teig wie ein Briefkuvert zusammenfalten und etwas festdrücken. Brote auf zwei gefettete Backbleche legen und mit der zerlassenen Margarine bestreichen. Das erste Blech in den kalten Backofen (mittlere Schiene) schieben. Ofen auf 180 Grad (Umluft 160 Grad, Gas Stufe 2) schalten. Brote etwa 35 Minuten backen, die auf dem zweiten Blech etwa 30 Minuten. Im Umluftherd beide Bleche einschieben und die Brote etwa 35 Minuten backen. Frisch aus dem Ofen servieren. + Dazu: Salat und Magerjoghurt mit gehackten Kräutern. N Pro Portion 21 g Eiweiß, 16 g Fett, 80 g Kohlenhydrate, 17 g Ballaststoffe, 550 Kalorien. ! Tip: Gut zum Mitnehmen, die Brote schmecken warm und kalt.

REGISTER